U0937391

一步万里阔

美好与生活

20世纪下半叶中国生活图典

郭大熟
——
著

《人民画报》
——
图

中国工人出版社

取的有意义的事情。与你常读到的那些宏大的“历史”不同，它们往往是微观的、碎片的；然而却与宏观有必然的细节联系，如同影像都是由几千万个像素组成的一样。这些你不常在教科书中读到的细节，恰是构成共和国过往的一个场景、一段甘苦，是前辈们留给今天的一片历史基因。

“以图证史”的下一步就是“以图解史”，即对于某一段微观历史，影像的价值认识。书里有一幅女兵李亚敏的照片。她是 20 世纪 70 年代的射击冠军，是此后几十年许海峰、陶璐娜们的前辈。现代射击运动诞生在 1896 年雅典奥运会上，1907 年，世界射击联盟成立。直到 20 世纪 50 年代，新中国军体运动方才有了射击项目，再到李亚敏，有了超世界纪录的第一拨运动员。所以这张照片在中国射击运动史册上必有特别价值。由此推及，这本书中的许多影像在社会史、水利史、旅游史、人文史、民俗史等领域中都有丰富历史记录的意义。

就摄影的时代语言而言，“图像里的故事”还与摄影形成的背景有直接联系。大熟所选取的影像多来自当年的《人民画报》。这种着意于被宣示和张扬的画面既是真实的，又是局部的。这便又构成了图像阅读的多重意义，“史解图像”便也成了我们这些图像研究者的深刻课题。

杨浪：资深媒体人、文化学者、文艺评论家。

目录

w

x

z

a

鞍钢

鞍钢工人。
（1950　《人民画报》编辑部）

23

李绍奎（右）是鞍钢的优秀炼钢工人之一、大型平炉炼钢能手。曾为国家冶炼出许多优质钢，并培养了一批新人。（1965　孙毅夫）

“铁公鸡”也是“老母鸡”

1948 年 11 月，东北全境解放。当时，国内年产钢不足 10 万吨，还不够每家每户打一把菜刀。当时的鞍钢，“铁水凝固在高炉里，厂房内设备残缺”。厂里发动工人们献交器材，数千职工肩扛、担挑、车推，队伍一直排到几里开外。

短短半年多，这里就炼出第一炉铁水和第一炉钢水。曾断言这片钢厂废墟上“只能种高粱”的日本专家感慨，从来都是个人往家里拿东西，哪有给厂子送东西的！

1950 年初，党中央发出全国支援鞍钢的号召。近 2 万名干部、技术人员、大中专毕业生和各类技工，从祖国各地奔赴而来。其中有 500 多名县级以上领导干部，人们形象地称之为“五百罗汉”。

“一五”期间，鞍钢产量很快就超过新中国成立前的最高年份，每年生产的钢、铁、钢材均占全国总产量的一半以上。1953 年 12 月，鞍钢“三大工程”——无缝钢管厂、大型轧钢厂和 7 号高炉竣工投产。鞍钢从一片废墟中站了起来，强有力地支撑了新中国经济建设的平稳起步。这是人民当家作主的胜利，也向全国传递了信心和力量。

“全国支援鞍钢复工”带来的就是“鞍钢支援全国建设”。一座座钢铁基地在各地拔地而起，新中国工业家底日渐丰厚。“鞍钢就像老母鸡，下蛋下到全中国。”原冶金工业部部长李东冶说。

东北机械管理局第三机器厂的“赵国有车间”全体工人以战斗的姿态，展开经常性的生产竞赛。
（1950　《人民画报》编辑部）

爱国主义生产竞赛

陈凤云是大连机床厂第二机械车间外磨小组的工人。她经常找窍门，力求提高生产量。她想出了“快速磨活法”，使磨一根轴的时间从 2 分钟缩短到 34 秒钟。（1953　叶萍）

洛阳矿山机器厂“青年姑娘小组”的先进生产者葛永曼曾和一群“铁姑娘”实现了 20 多项小革新，月月超额完成生产任务。（1959　吴寅伯、郑光华）

“为提高每台机床的效能而斗争”

1949 年，赵国有在沈阳第三机器厂改造铣刀，以车铣结合操作法创造了车制塔轮的全国纪录。同年，东北工业部、东北总工会号召全体职工向赵国有学习，开展“新纪录运动”，仅半年时间就创造出 2 万多个新纪录，使东北工业劳动生产率提高 32%。

抗美援朝战争爆发后，“赵国有车工部”与“马恒昌小组”共同向全国工人发出倡议，展开“爱国主义生产竞赛”，号召生产一线的工人们“把我们的工厂变成战场，把我们的机器变成武器”。当时，新中国正在恢复生产和加速发展，这一倡议得到了全国工人的一致响应，各地的产品质量和数量不断提高。北京琉璃河水泥厂的工人竟然修复了日伪时废弃的、国民党统治时期德国工程师都束手无策的生料磨，“每吨水泥的成本由 333 斤小米降低为 220 斤小米”。

刊登赵国有车铣结合操作法的《机械工人》杂志呼吁：“同志们！克服我们的骄傲自满、自以为了不起的保守思想，虚心地学习先进的技术和理论，大胆地创造吧！向全国所有的先进小组看齐，为提高我国每一台机床的生产效能而斗争！”

在激情燃烧、如火如荼的生产竞赛中，每一台机床都在飞速运转、每一个窑口都把炉火烧得通红。

河北省峰峰矿区的模范教师王惠贞在检查孩子们的个人卫生。（1952　正威）

“小邋遢，真呀真邋遢”

1952年，群众性的“爱国卫生运动”在全国范围内深入开展。仅半年里，全国就清除垃圾1500多万吨，疏通渠道28万公里，新建改建厕所490万个，改建水井130万眼。共扑鼠4400多万只，消灭蚊、蝇、蚤共200多万斤。

20世纪50年代[1]末，在《关于除四害讲卫生的指示》号召下，全国范围内掀起了剿灭“四害”运动的高潮，有效降低了蚊、蝇、鼠、蟑等病媒生物密度，显著减少了鼠疫、疟疾、乙型脑炎等疾病的发生和流行。难以计数的污水坑塘被填平，广大城乡的卫生面貌焕然一新。

1960年，《关于卫生工作的指示》提出了著名的口号：“以卫生为光荣，以不卫生为耻辱。”60、70年代的卫生运动中，全国各地成立了防疫队和巡回医疗队。在农村，改造环境卫生条件所采取的各项措施受到村民的欢迎。被概括为“两管、五改”（管水、管粪，改水井、改厕所、改畜圈、改炉灶、改造环境）的改造环境卫生运动，取得了巨大的成就。

到80年代，尽管我国的卫生状况已经得到了全面改善，但在“五讲四美”中，“讲卫生”仍然是重要内容。在火遍全国的动画连续剧《邋遢大王奇遇记》中，“小邋遢”因为不讲卫生，险些命丧鼠国。在现实生活中，每个星期一的每所小学的每个大门口，总有几个“小邋遢”在大队部的例行检查中被拎出来站在一旁，“脏脸像泥猴儿，指甲涂黑油，脖子赛车轴，顶着爆炸头”！

1 本书未标注世纪的年代均属20世纪。——编者注

欢庆澳门回归。（1999　孙志江）

“我离开你太久了，母亲”

1840 年鸦片战争，清朝战败。葡萄牙借此于 1849 年后相继占领了澳门半岛、氹仔岛和路环岛。1874 年，葡人闯入香山筑新关闸，擅自以此为澳门之界。1887 年 12 月，清朝与葡萄牙签订《中葡友好通商条约》，确认葡萄牙可长驻澳门管理。澳门从此被占领 100 多年。

1976 年，葡萄牙总统出席联合国大会，与中国驻联合国代表谈及中葡建交与澳门问题之事宜。经过两年多的洽商，1979 年 2 月 9 日，葡萄牙与中华人民共和国正式交换《建交公报》。

1987 年 4 月 13 日，中葡两国政府签订了《中华人民共和国政府和葡萄牙共和国政府关于澳门问题的联合声明》，宣布澳门地区（包括澳门半岛、氹仔岛和路环岛）是中国的领土。1999 年 12 月 20 日零时，中葡两国政府在澳门文化中心举行政权交接仪式，中国政府对澳门恢复行使主权，澳门回归祖国。澳门的胜利回归，是继香港回归后中国人民在完成祖国统一大业的道路上树立的又一个历史丰碑。

1925 年，爱国诗人闻一多为祖国被租借的 7 个地方写下《七子之歌》。70 多年后，诗歌中饱含深情的句子终于在澳门上空响起：“我离开你太久了，母亲！”

北京市东郊酿造厂仓库里堆满了一瓶瓶白酒和露酒，工人们把这些成品装箱运往各地。（1952　正威）

“65”“56”都是老百姓的酒

1949 年 5 月，石家庄公营酿酒厂副厂长马少峰带领 100 多名技术人员奉命进京支援筹建华北酒业公司实验厂。4 个月后，实验厂生产出了第一批白酒，商标使用了北京双合盛五星啤酒厂的五星商标。“二锅头”也从一种传统的幽燕制酒工艺变成了一个名满新中国的酒类品牌。

1951 年，实验厂更名为“北京市东郊酿造厂”，随着其他 10 个酒厂的并入，东郊酿造厂成为当时全国最大的酒厂。此后十数年间，东郊酿造厂更名为国营北京酿酒厂，并经历了一系列合作和兼并，为北京二锅头统一了生产标准，也为日后的多品牌二锅头共生埋下了伏笔。

1986 年 10 月，北京各大酒厂将 65 度二锅头降为 56 度。

从华北酒业公司实验厂开始，二锅头的定位就是让老百姓喝到好酒。品质优异、价格亲民是二锅头的特色，多年以来，二锅头的度数和商标一直更迭，不变的是它作为“老百姓的好酒”的美誉。

在电视剧《北京人在纽约》中，王起明攥着一瓶二锅头对美国人大卫说：“这个，你喝了能壮胆，原子弹来了你都不躲！”

对于酒场新兵，它是测试酒量的不二法宝；对于食肆老饕，无论下酒菜如何，“二雷子”都是百搭酒款——不卑不亢，自在坦荡，二锅头的香气洋溢在老北京的通衢和细巷之间。它有着烧酒的清冽底蕴，更有醇厚绵长的后劲儿。

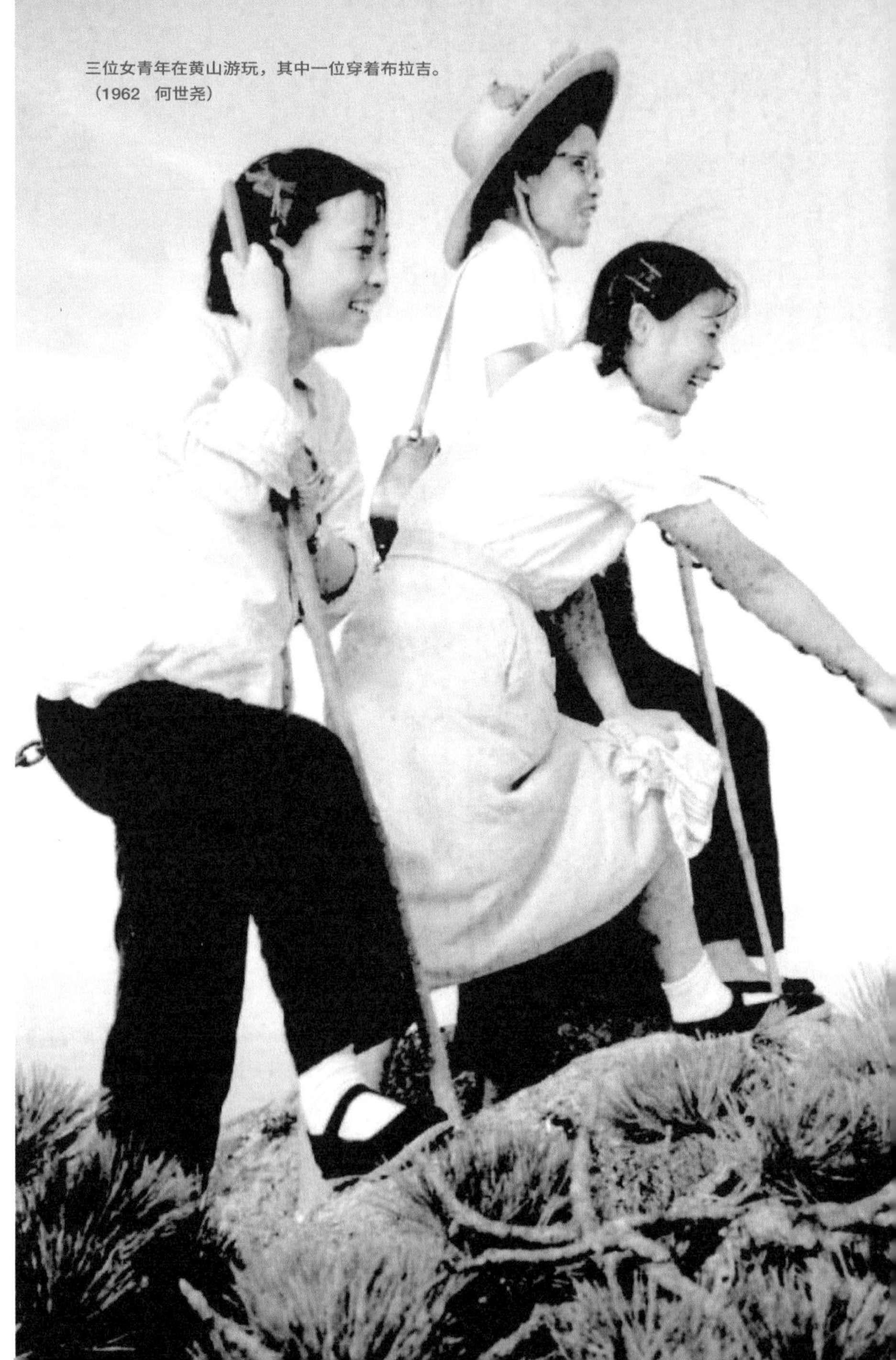

三位女青年在黄山游玩，其中一位穿着布拉吉。
（1962　何世尧）

“大胆地穿起花衣服来吧！”

1955 年 5 月 17 日，上海《青年报》刊登了署名“启新”的文章——《支持姑娘们穿花衣服》，文章呼吁：现在有条件可以打扮得美丽一些了，然而姑娘们的服装大都还是“清一色”。我们不但要把国家打扮得像一个百花园，也要把姑娘们打扮得像一朵鲜花、一颗宝石一样。姑娘们，你们大胆地穿起花衣服来吧！

当此之时——若隐若现的修身设计，乍露还无的领口设计，碎花、格子或条纹花色，束腰的布带和飘逸的裙摆——苏联援华女专家们的“布拉吉”正日益成为中国大地上最受欢迎的女士服装。

尽管制作一件布拉吉至少需要 9 尺布，尽管露出的小腿会引来男职工们的口哨声，年轻的新中国姑娘们仍然把款式新颖的连衣裙当作必备单品。

全国先进工作者，上海纺织女工黄宝妹曾前往苏联考察学习，在看到了街上花花绿绿的布拉吉之后，回国后她做了两条，因此被称作“穿布拉吉的女劳模”。1958 年，导演谢晋拍摄同名电影《黄宝妹》，她自己出演主角。

在河北遵化沙石峪附近的地方，曾流传着“有女不嫁沙石峪，光有石头没有地，野菜糟糠填肚皮，数九寒天没有衣”。如今，那样的时代一去不复返了。（1962　郑光华、孙毅夫）

“缠啊缠住我心田”

“村里有个姑娘叫小芳，长得好看又善良，一双美丽的大眼睛，辫子粗又长……”1993 年，“城市民谣”中清新、纯真的代表作《小芳》唱遍大江南北。

《小芳》摘取了全国各地排行榜冠军，词曲作者李春波因此歌获得“年度全国十大最受欢迎男歌手奖”，1993 年也被媒体称为“小芳年”。歌曲追忆的村姑小芳的“麻花辫”形象也重新回到人们视线。

麻花辫在 80 年代被视为“村姑”的发型，但在新中国成立之初却曾是未婚女性的主流发型。女孩们常常在麻花辫尾系上红绳或者漂亮的丝带，减龄又元气。

从新中国成立之初流行的长长、粗粗的系着红绳或者彩带的麻花辫，到“刘胡兰头”“柯湘头”“五号头”，再到此后的“山口百惠头”、霹雳青年的“爆炸头”……发型里藏着整整一部当代中国生活史。

位于喜马拉雅山中段中尼边境上的珠穆朗玛峰海拔 8848.86 米，为世界第一高峰。1960 年 5 月，我国登山健儿首次从北坡登上山顶，把五星红旗插上世界最高处。（1960　何世尧）

“连鸟也无法飞过”

60 年代之前，来自世界各地的探险家多次从珠穆朗玛峰南坡登顶，但北坡还没有成功登顶的先例。在北坡的攀登史中有 60 多位登山者先后遇难，数次“无功而返”的英国探险家曾评价：想从北坡攀登这座“连飞鸟也无法飞过”的山峰“几乎是不可能的”。

1955 年，中华全国总工会登山队组建完成。在成功登顶秦岭太白山主峰、慕士塔格峰、贡嘎山之后，1958 年，中国登山队制订了从北坡攀登珠穆朗玛峰的计划。

1960 年，中国登山队在几次行军中遭遇种种困难和挑战，连唯一联络用的步话机都坠失冰崖。关键时刻，登山队员王富洲临危受命，带领最后的突击队员们继续前进。在海拔 8700 米处，尽管携带的氧气已经用尽，但队员们决定继续前进。

连续 19 个小时水米不进，饥寒交迫，在零下 40°C的生命绝境，他们与天气和时间赛跑。终于，1960 年 5 月 25 日凌晨 4 时 20 分，王富洲、贡布、屈银华 3 人同时登顶成功。

中国登山健儿的壮举，给在困境中抗争的中国人以极大的精神鼓舞和感召。

1960 年，沈阳扇风机厂职工经过技术革新，提前 31 天全面完成了上半年生产计划，力争全年生产翻一番。这是三车间的一次“比武叫劲”大会。（1960　郑光华）

“优胜题名红板上，懒疏写在黑板边”

30年代，为解决经济困难，各苏区开展了包括技术工人、企业在内的革命竞赛。陕甘宁边区的“赵占魁运动”、晋绥边区的“张秋凤运动”、晋冀鲁豫边区的“甄荣典运动”如火如荼。“增加生产各争先，劳动竞赛胜往年，优胜题名红板上，懒疏写在黑板边。”这首当年苏区流传的歌谣，唱出了工人与工人之间、工厂与企业之间，你追我赶，实现技术革新的情景。

新中国成立后，工业“家底”异常薄弱，“提高劳动热忱，发展生产竞赛，奖励生产战线上的成绩昭著者，是提高生产的重要方法”一经提出，就在全国范围内得到了巨大的反响。正是这样的竞赛，让技术工人的精神面貌焕然一新，生产效率大幅度提升。

职业技能竞赛为广大技能人才提供了展示精湛技能、相互切磋技艺的平台，对壮大技术工人队伍、推动经济社会发展具有积极作用。从延安时期山沟沟里的革命竞赛到50年代的企业工人技术比赛、技能比武，从全国首届青年奥林匹克技能大赛到“振兴杯”全国青年职业技能大赛，从“一带一路”国际技能大赛到全国行业职业技能竞赛，从“三区三州”职业技能大赛到全国扶贫职业技能大赛，从全国技能大赛到世界技能大赛，蓬勃开展的技能竞赛，为优秀技能人才脱颖而出搭建了圆梦舞台。

雁窝岛是在国营八五三农场的基础上开创起来的，有着非常丰茂的生态环境。60 年代，仅 4 个生产年度，就可向国家提供 50 多万斤鲜鱼。图为丰收的大鲤鱼。（1963　刘志伟）

“沼泽变通途，荒野变粮仓”

1961 年摄制的电影《北大荒人》，让北大荒雁窝岛全国闻名——

转业军人高建民奉命率领一批复员军人在雁窝岛建立农场，被任命为农场党委书记。多年前，高建民曾在这里从事革命斗争。他到岛上后，遇见了当年牺牲的老战友黄永和的父亲老猎人黄老清，以及曾被自己救护过的小姑娘黄燕子。高建民带领群众克服困难，成功地建起一座农场，并获得了大丰收。

以 1947 年 6 月 13 日第一个公营农场——宁安农场诞生为标志，北大荒农垦事业走过了 70 多年波澜壮阔的辉煌历程。先后有 14 万名复转官兵、10 多万名大专院校毕业生、20 万名内地支边青年、54 万名城市知识青年和数以百万计的拓荒者进军北大荒，他们披荆斩棘、栉风沐雨，在人迹罕至的千古荒原上，建成了中国最大的商品粮基地，北大荒成为名副其实的“中华大粮仓”。

开发建设以来，北大荒农垦商品粮调出量约占全国各省粮食调出总和的四分之一，为中国人端牢自己的饭碗作出了重大贡献。北大荒人在为国家创造巨大物质财富的同时，也创造了宝贵的精神财富——历久弥新的“北大荒精神”。

福建长乐县联新大队经常有 3 块黑板报定期出版，每逢节日还有墙报增刊。图为田头黑板报，及时反映生产情况，表扬好人好事，成了吸引社员注意的地方。（1963　何世尧）

“思想有了那方向盘”

黑板报是村头村尾经常吸引群众注意的地方。福建长乐县联新大队的黑板报定期出版，内容有短文、科学知识、各生产队的积肥进度评比表等，社员们忙完了一天的活，都会过来看看。

和露天电影、有线广播一样，黑板报也曾是一种群众性的宣传工具。它曾遍及城市和乡村、厂矿与学校，在知识扫盲、政策宣讲、凝聚人心、鼓舞士气等方面都发挥了积极作用。

尽管信息传播方式已经今非昔比，板报在农村仍然发挥着重要的作用，村级财务支出、粮食种植补贴、特困户公示、村委会换届选举办法等都醒目地写在了黑板上。它既是村干部的“清白墙”，也是村民的“明白墙”。

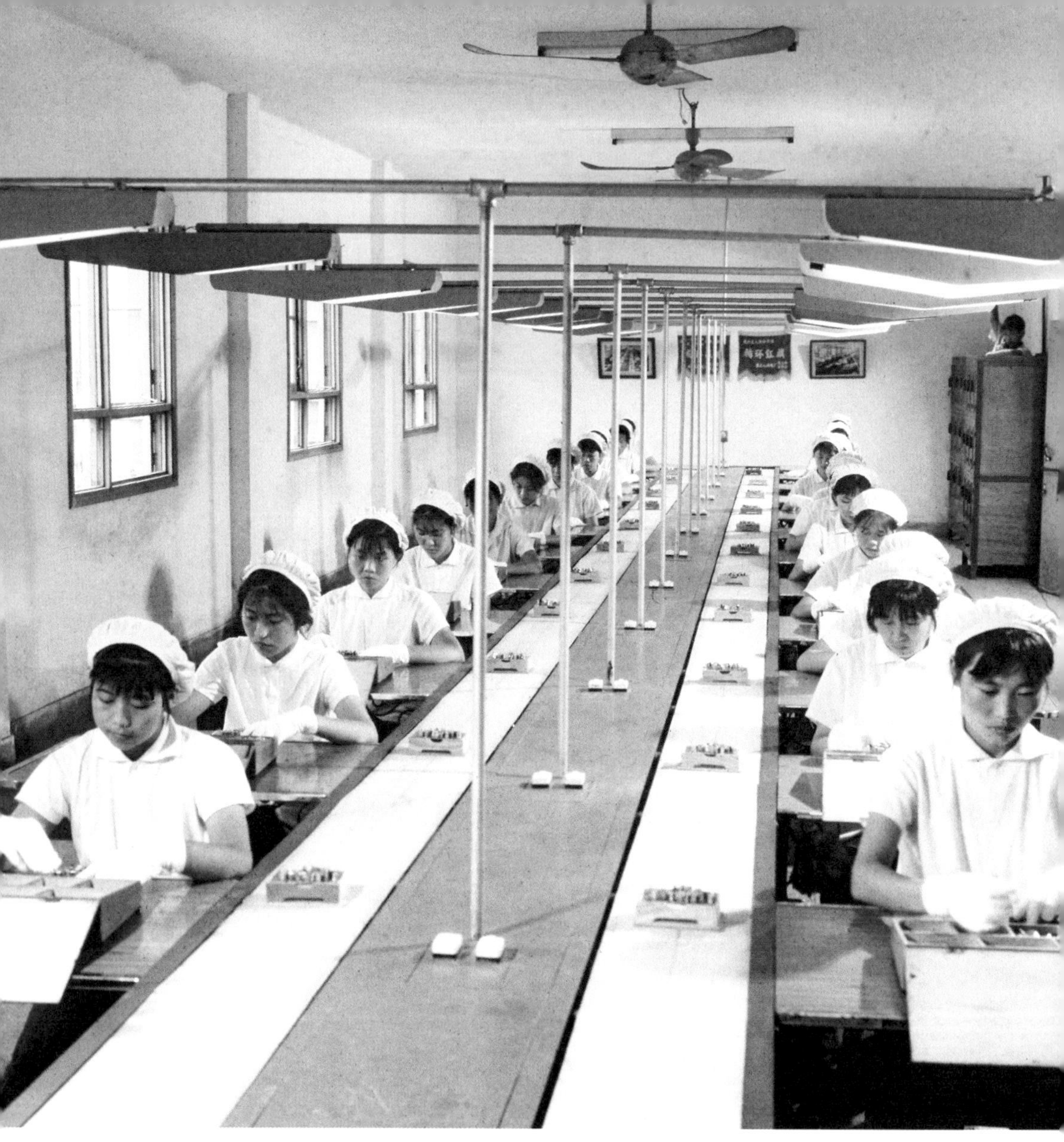

江苏常州第三无线电厂的流水作业线，这里生产的半导体收音机远销海外。（1974　茹遂初）

“小喇叭开始广播啦！”

妈妈在蹬缝纫机。“……刚才最后一响，北京时间 8 点整。”爸爸单腿支地，在自行车上调校永远不准的手表，然后呼啸而去。他永远迟到。

除手电筒之外，半导体收音机是中国家庭最先拥有的“大型家用电器”。“四大件”一度是中国家庭的幸福标配，半导体即是其中之一。

在电子管收音机之前，无线电爱好者 DIY 的是不用电、花钱少、组装简陋的矿石收音机——在听众的簇拥下，收音机主人怀抱“咣当当”的矿石木匣子，像坚定的杜十娘。从电子管、晶体管到后来的集成电路，“半导体”经历了三代发展，通常人们所说的半导体收音机，是指第二阶段的晶体管收音机。

第一个五年计划期间，北京电子管厂成立（代号“774 厂”）。1953 年，中国研制出第一台全国产化“红星牌”电子管收音机。中国的电子管收音机曾畅销东南亚，并被屡屡作为国礼赠送。“牡丹”“美多”“春蕾”“飞乐”“北京”“红灯”“咏梅”“熊猫”……收音机经历了从奢侈品到必需品再到收藏品的演变。

年轻人在紧张的工作之余，需要一个可以放松、宣泄、痛快淋漓地表达自我的场所。迪斯科舞厅恰恰迎合了这些都市青年的需求。在迪厅，素不相识的年轻人共同享受着蹦迪所带来的欢乐与刺激。（1993　汤姆·斯托达特）*

“阿里巴巴是个快乐的青年”

80 年代初，“迪斯科”悄然流行。这个有着洋气名字的舶来品因为形如筛糠的动作，当时被称作“摇摆舞”。摇摆舞的标配包括但不限于：蛤蟆镜、喇叭裤、手提双卡录音机。

在“荷东”“野狼”“八七狂热”等磁带热销的同时，《迪斯科入门》《教你跳迪斯科》等书籍也被大量印制发行。1987 年，电影《霹雳舞》在国内热映，给方兴未艾的迪斯科又增添了热度。别出心裁的舞者们，将武术、京剧、气功等动作混搭、植入舞姿。

隔着 30 多年的时间回望，80 年代迪斯科的塑料感却是它最动人的部分，那时还没有人发明“尬舞”“杀马特”“雷人”等词汇来贬损它。在肆意扭动的肩胯动作里，散溢的是一代人生机勃勃的荷尔蒙。

* 所有加 * 图片不出自《人民画报》。

C

1951 年 10 月 21 日上午，“农业劳动英雄”成百福随着平原省农民代表团安阳分团的队伍进入了华北区城乡物资交流展览会的会场。（1951　《人民画报》编辑部）

“这里面的学问不少啊”

新中国成立后，为大力发展经济，决定在全国各大行政区举办城乡物资交流展览会。天津是华北地区的经济中心和重要的港口城市，成为华北区城乡物资交流展览会的举办地。

1951 年 10 月 5 日，在天津马场（今天津自然博物馆原址附近），来自全国各大行政区、各省市的 103 个代表团参加了交易活动。

展会吸引众多观众，达 100 万人次。其中有刚刚结束在北京参加国庆观礼的北方老根据地人民代表团的 300 余人和农业劳模 43 人，包括刘胡兰的母亲胡文秀、董存瑞的父亲董全忠等。

展览会于 11 月 20 日闭幕，闭幕后又延续了一段时间，接待中央党政领导和外宾参观。12 月 27 日，国家领导人专程来津，用了 3 个晚上参观全部展馆，边参观边了解展品情况，不断地称赞：“展览办得很好。这里面的学问不少啊，像个大学，增加了许多知识，大家都应来看一看。”

这次展会促进了城乡商品的交换与国民经济恢复，促进了工农业生产的发展，盘活了滞销品并找到了销路。

长芦盐区不但产盐丰富，而且质地优良，平均含氯化钠 90%，最高达 94.18%。图为大沽盐场的化验室。
（1951　吴宝基）

从“丰财场”到“人民盐业”

大沽盐场前身为南宋咸淳元年（1265）“置灶煎盐”的天津葛沽镇“丰财场”，清初起挖沟筑池，引海水晒盐。1937 年，日伪“华北盐业股份有限公司”在大沽建盐田，产盐悉数被劫往日本。1945 年后，大沽盐田由官僚资本经营的华北盐业公司接收，年产盐 35 万吨。

新中国成立后，设大沽盐场管理处，经营没收的官僚资本盐田。另设塘沽盐场管理处，管理私营盐田。在人民盐业尚处于起步阶段时，天津大沽盐场就已是当时中国的大型海盐场之一。

当时的制盐流程是涨潮时将涌进的海水引入水沟，或用电动扬水机把海水抽进池子里。大沽盐场内设有各类试验池，池板使用了水泥、木板、铁板、芦席等易于结晶的材质。结晶之后进入压碴、破碴、扒盐流程。自 1951 年起，大沽盐场开始采用大清河与汉沽盐场的进步经验，改用池道扒盐方法。

1955 年，大沽盐场管理处改为国营大沽盐场，塘沽盐场管理处管理的私营盐田改组为公私合营塘沽制盐场。1956 年，两盐场合并为长芦塘大盐业局。1957 年，年产盐 100 万吨以上，约占全国海盐产量的 10%。收盐、运盐、堆坨、装卸实现了机械化、半机械化；水力管道输盐的经验在许多海盐场推广。盐场综合利用制盐母液，生产出多种优质化工产品。1959 年更名为“天津长芦塘沽盐场”，是国家大型海盐生产重点骨干企业。

1953 年，第一汽车制造厂工程全面展开。1954 年，还将开建机械装配、有色金属修铸、木工、锻工、辅助 5 个工厂和热电厂。图为测量人员在工地测量数据。（1953　丁一）

“哪里有路，哪里就有解放的车”

1953年7月15日，长春第一汽车制造厂举行奠基仪式。这也是国家第一个五年计划时期，苏联援建的156项重点工程之一。

1956年7月13日，首批12辆“解放牌”CA10卡车（C代表中国，也代表长春，A代表第一）驶下装配线。这标志着第一汽车制造厂的3年建厂目标如期达到，也结束了中国不能批量制造汽车的历史。

“解放牌”汽车的诞生给新中国工业带来了新的希望，改变了中国城乡交通和公路运输的落后面貌，成为城乡交通和公路运输的主力军。“解放”一度就是卡车的代名词。

自此，一首顺口溜传唱在大江南北：“一五成就不寻常，自产铁轨出鞍钢。一汽长春解放牌，飞机南昌又沈阳。武汉大桥跨天堑，克拉玛依油不洋。铁路鹰下宝成等，三条公路通西藏！”

1958年5月5日，中国国产第一辆小轿车“东风牌”CA71在长春一汽下线，我国汽车工业又上了一个新台阶。1959年，一汽生产的“红旗牌”高级轿车首次参加国庆10周年庆典阅兵……

作为中国第一个大型汽车制造厂，长春第一汽车制造厂被誉为“中国汽车工业的摇篮”，它的建成投产，揭开了中国汽车制造工业的崭新一页。

1959 年 1 月，江苏徐州，居民王大娘到银行去存款。（1959　李兰英）

“每人储蓄 1 元，国家就可集中 6 亿”

中国老百姓历来就有节俭与存钱的习惯。新中国成立初期，全国城乡居民储蓄存款年底余额只有 8.6 亿元，按照人口数量 5.75 亿计算，人均储蓄存款不到 1.5 元。

第一个五年计划时期，大规模经济建设所需资金严重短缺。除了发行经济建设公债筹集资金外，人民群众积极参与储蓄也为国家经济建设积累了大量资金。1953 年，全国城镇储蓄达到 12.2 亿元，农村达 11 亿元。两年后，零存整取有奖储蓄和活期有奖储蓄的开展，更是极大推动了新中国储蓄事业的发展。

刘其敏、王愉珠为中国人民银行创作的宣传画《你认为钱少就不值得储蓄吗？》，图文并茂地展示了 6 亿元的购买力：“可买 4000 架战斗机，可买 2.6 万台拖拉机，可建设有 10 万纱锭的纺纱厂 9 家，可修铁路 1000 公里。”

居民储蓄出现大幅与快速增长发生在改革开放之后，尤其以 80 年代和 90 年代的“储蓄为王”时代最为典型——1984 年，储蓄存款首次突破 1000 亿元，人均存款也首次破百；1992 年，储蓄存款再破 1 万亿元，人均存款首次破千；2008 年，储蓄存款突破 20 万亿元，人均存款首次破万……

到 2022 年 6 月，我国的储户总存款为 112.83 万亿元，人均存款约 8 万元。从 1.5 元到 8 万元，存款的增长反映了人民生活发生的翻天覆地的变化。

从手艺到工美到非遗

新中国的工艺美术是在一个百工失业、百业俱废的局面下逐步发展起来的。在合作化运动中，私营小手工业者进入全民或集体所有制企业中，原本流离失所的老艺人得到政府的关怀和扶持，重新操起了手艺，带起了徒弟。长期以来，“小、散、乱”的生产方式和运营方式也逐步得到改变，在 60 年代初，工艺美术转向大集体、规模化的生产模式。

工艺美术的生产力得到空前的解放，为国家建设换取了数量可观的外汇，有力支援了国家重工业和轻工业的基础建设。新中国工艺美术最大的进步还表现在对于社会主义新人的塑造方面。手艺人成为新中国工人阶级队伍中的一员，精神面貌焕然一新。他们不仅不再保守技术秘密，乐于接受没有人身依附的师徒关系，并且积极在厂内、厂外相互观摩、交流技艺，进行联合攻关。公有制加上集体化的生产方式创造了技术民主化的氛围，既有利于技术竞争和艺术创新，也有利于那些从旧社会走过来的老艺人减少保守思想，更有利于年轻一代手艺人降

黄杨木雕为浙江著名的“三雕”之一。新中国成立以后，涌现了陈志云等大师级的艺术人才，作品频频在国际、国内重大展览上获奖。（1961　茹遂初）

广东石湾的美术陶瓷在转向大集体、规模化生产后，技师们互相学习，制作了一批又一批精品。（1962　茹遂初）

低学艺成材的风险和成本。

浙江乐清黄杨木雕在宋元时期初露端倪。20 年代，黄杨木雕接连在国际展览中获奖，使乐清黄杨木雕在国内外产生了极大的影响。

新中国成立后，由于国家和政府的重视，黄杨木雕这一民间艺术品种迅速得以挖掘和传承，黄杨木雕的技艺水平也有了迅速的提高和发展，精美之作不断涌现。

大连有许多彩绘玻璃制品有限公司是从事生产彩色玻璃和艺术玻璃的专业厂家，通过对传统及现代玻璃生产工艺的吸收和创新，制作出精美的艺术品。（1981　李淼、吕同举）

后瓷像时代的家居摆件

50 年代中国研制的铅玻璃，主要是火石玻璃，用作光学材料，60 年代研制了防辐射用的铅玻璃。到了 70 年代，大连、上海等器皿厂才研制了真正意义上的中铅和高铅水晶玻璃。

大连玻璃制品厂始建于 1917 年，技术力量雄厚，产品种类繁多，产品质量上乘，是我国玻璃制品工业的摇篮。除了生活用的玻璃器皿，它生产的铅晶质玻璃器皿名噪一时，并曾荣获国家金质奖。“水晶牌”铅晶质玻璃器皿一度是国内著名宾馆饭店的标配，并成为钓鱼台国宾馆、外交部驻外使领馆的专供产品。

晶莹剔透、价格亲民的玻璃工艺品，在 80 年代，为单调、清冷了十多年的中国家居空间增添了绚丽的色调。粉红翠绿的玻璃制品，逐渐取代了暖水瓶，成为新婚夫妇收到的大宗礼品。

在电视机入主客厅之前，鲜艳的玻璃花瓶通常被摆放在最显眼的位置，插在花瓶里的物品主要是塑料花和鸡毛掸子，前者是对花开不败的向往，后者意味着随时可以实施的家法！

d

1953 年上映的电影《六号门》是东北电影制片厂在天津东货场六号门码头实地拍摄的。图为参加电影演出的 4 位搬运工人合影留念。（1953　钱浩）

新中国电影的摇篮

1945 年日本投降之后，中共党员刘建民、赵东黎秘密进入“株式会社满洲映画协会”，组织进步职工开展护厂斗争，并成立了东北电影公司。1946 年 10 月 1 日，正式更名为东北电影制片厂。解放战争时期，东影摄制了 17 辑新闻纪录片《民主东北》，有 3 名年轻的摄影师在战场上牺牲。这是新中国第一部新闻纪录片，它反映了东北解放战争、华北解放战争的面貌，真实记录了辽沈、平津两大战役的部分实况。影片成功向海外发行，于 1950 年获捷克第五届卡罗维发利国际电影节纪录片荣誉奖。

从 1947 年到 1949 年，东影创下了中国电影事业的多个第一，因此被称作“新中国电影的摇篮”：第一部木偶片《皇帝梦》，第一部科教片《预防鼠疫》，第一部动画片《瓮中捉鳖》，第一部短故事片《留下他打老蒋》，第一部长故事片《桥》和第一部译制片《普通一兵》。1949 年 4 月，东北电影制片厂由黑龙江省兴山市迁回到长春现址，摄制了《中华儿女》《赵一曼》《钢铁战士》《白毛女》等多部优秀影片。同年，东北电影制片厂美术组迁往上海，上海电影制片厂在东北电影制片厂美术组的基础上成立了新的美术片组，这是上海美术电影制片厂的前身。

1955 年 2 月，东北电影制片厂更名为长春电影制片厂。

电视大学通过电视机教学，学员不出门就可以听课。图为北京电视大学开设的电视教室。
（1963　黄韬鹏）

依稀往梦似曾见

1957 年，电子工业主管部门（第二机械工业部第十局）把研制电视接收机的任务，交给了国营天津无线电厂来完成。通过参考从苏联获得的电视样机（“红宝石牌”）、散件和资料，经过几个月的攻关克难，1958 年 3 月，天津无线电厂试制出被称作“华夏第一屏”的我国第一台国产电视机——“北京牌”黑白电视机。

3 月 17 日晚，我国电视中心在北京第一次试播电视节目。在天津厂的试验大厅，摆着苏联产的电视机和我国刚刚研制出来的电视样机。经比对，“北京牌”电视机图像清晰、声音洪亮，与苏联电视机无异。

也是在 1958 年，北京电视台开始试验播出，开启了中国的电视时代。两年后，北京电视台彩色电视试验播出成功，使我国成为世界上第六个开始彩色电视试播的国家。

1970 年年底，仍然是天津无线电厂（此时已更名为天津通信广播电视厂），制造出了我国第一台彩色电视机。1972 年，北京电视台和上海电视台先后推出彩色电视节目，我国正式迎来了彩色电视的新时期。

从 1958 年的“华夏第一屏”开始，29 年后，中国电视机销量超过日本，成为世界第一。

这样的画面留在了记忆中：左邻右舍团团围坐，小主人在窗口上下穿梭调整天线，众人齐声跟唱“依稀往梦似曾见”，屏幕上跳出“再见”两字之后便出现了让人绝望的电子雪花……

北京电冰箱厂的工人正在制造电冰箱的心脏——制冷压缩机。（1982　孙桂琴）

“冰箱好，现代化家庭来得早”

“三转一响”（自行车、缝纫机、手表和收音机）之后，人们对日常用具的现代化有了更多期待，小三洋、大索尼、电冰箱成了新的家居配置。国内电冰箱号称：北有“雪花”，南有“万宝”。80 年代，雪花冰箱在全国市场的占有率高达 60%，足以见其风靡程度。

1956 年，国内第一台冰箱由北京雪花冰箱厂（前身是北京医疗器械厂，主要生产医用制冷设备）研制成功。雪花冰箱在鼎盛时期曾年产 80 万台电冰箱，是中国最早的名牌产品之一。雪花冰箱以其性能稳定、价格适中及低返修率而深受消费者喜爱，产品供不应求。

雪花单门冰箱的价格为1200—1400元，80年代末期推出的双门冰箱价格在 2300 元左右。

送报员陈梅荣每天的工作是把电报送到每个客户手中。（1962　郑光华）

“来不来不来来”

电报是点对点的即时通信手段，但跟电话直接通话不同，它发出的是节奏不同的无线电脉冲信号。发电报时只要发出数字的脉冲信号即可，之后再根据不同的数字组合来“还原”汉字。

电报员读数字，把“1”读成“幺”，把“0”读成“盾”，把“7”读成“拐”。

1969 年，“中文电报译码机”的出现，解决了电报传输过程中由四码自动译成汉字的问题。80 年代初，中国研制了“中文电传打字机”，也叫“汉字电报机”，它的通报速度比当时的电子电传机还快。

每逢整点，“东方红，太阳升”的乐曲准时在北京西长安街的上空回荡，北京电报大楼几乎成为一个时代的象征。随着普通电话、移动电话、传真、电子数据交换、计算机通信、卫星通信等新兴通信手段促进了通信消费结构的升级，传统的电报业务淡出了百姓的生活。

“0171、0008、0171、0008、0171、0171”——这是一位妻子发给爱人的电报，译成汉字为“来不来不来来”。它言简意赅，令人费解……

地王观光，深港之窗。（2018　视觉中国）*

俯瞰与远眺

地王大厦位于深圳市罗湖区，建筑方案由美国华人建筑设计师张国言设计，是一座集办公、商业于一体的超高层综合性建筑组群，是中国90年代初的重点工程。大厦于1996年3月竣工，是深圳特区90年代中期耸立起来的一座重要标志性建筑，也是当时中国最高的建筑物。

大厦所处地段处于深圳深南东路、宝安南路与解放中路交会的黄金三角地带，被地产界誉为投资的地中之王。1992年，深圳市政府向国内外企业公开拍卖，香港一家公司以1.4亿多美元的价格一举中标，创下了当时深圳的地价之王，地王商业大厦由此而得名。

地王大厦高69层，总高度383.95米，主题性观光项目“深港之窗”坐落在大厦顶层。“深港之窗”是亚洲第一个高层主题性观光游览项目，在此可以俯瞰深圳市容，远眺香港市容。

2018年11月24日，地王大厦入选第三批中国“20世纪建筑遗产项目”名录。目前，深圳最高的建筑是深圳平安金融中心（592.5米）。

电视连续剧《红楼梦》的播出是其小说问世以来一次最大的普及。电视剧《红楼梦》起用名不见经传的新人，以适应原著中人物年龄要求的种种创作法则，自成一派。（1987　过桔新）

"一个是阆苑仙葩，一个是美玉无瑕"

80 年代中后期，伴随着电视机进入千家万户，中国本土电视剧、电影的拍摄也迎来了一个高峰。

早在 1979 年，导演王扶林就提议将古典名著《红楼梦》以电视剧的形式搬上荧幕，此想法得到了中央电视台和红学界的支持。1983 年，筹备组、编剧组和剧组顾问委员会先后成立，剧组采取海选形式在全国各地选拔演员，引起热烈反响。为了拍摄的需要，按照原著的描述，剧组在北京市宣武区建造了大观园，另外在河北正定县搭建了宁国府、荣国府和宁荣街等外景地。

1984 年 9 月 10 日，电视剧《红楼梦》在安徽黄山正式开机，录下了第一组镜头。1987 年上半年完成拍摄，总投资为 680 万元。整个拍摄过程历时 3 年之久，剧组先后走遍全国 10 个省市的 41 个地区的 219 个景点，拍摄镜头近万个。

87 版《红楼梦》在当时的技术条件下，完美实现了"制作精良"，被红学家周汝昌称赞为"首尾全龙第一功"。

上海市第一条高架环线——内环线全线通车，一位嘉宾正在现场使用“大哥大”。（1994　于文国）*

“身穿无毛恺撒，手提无线电话”

80 年代中期，由于没有移动通信服务网络，大量到广东洽谈业务的港商手里的“大哥大”与砖头无异，无法使用。

为了促进内地贸易发展，时任广东省邮电管理局局长的李轶圣将贷款发展移动通信的方案汇报到邮电部，经过多方协调，最终获得了 1000 万美元的贷款支持。1987 年 11 月 18 日，原邮电部部长杨泰芳在珠江三角洲移动电话网首期工程开通仪式上，向北京拨了我国第一通移动通话。

在家用固定电话报装困难、公共电话排长队的八九十年代，“大哥大”的出现为人们提供了全新的移动通信方式。

“大哥大”重量都在一斤以上，除了接打电话之外没有别的功能，硕大的电池只能维持 30 分钟通话。通话的清晰稳定取决于使用者所处区域的信号强度，对通话双方的嗓门要求很高。这些糟糕的体验，并没有影响“大哥大”的紧俏，甫一上市，价格就高达 2 万元，黑市售价曾高达 5 万元。再加上昂贵的入网费和话费，初代手机成了初代“土豪”身份的象征。

1993 年，《大学生》杂志评出了年度十大流行语，“大哥大”位列第四；1995 年春，全国多个省市相继建设 GSM 数字移动电话网……

随着移动通信用户数量的迅速增多和 CDMA 手机的日益普及，炙手可热的“大哥大”逐渐退出江湖。2001 年 6 月，中国模拟移动电话网彻底关闭。至此，“大哥大”成为传说。

电子游戏机是 80 年代登陆中国的。当时设立在民族文化宫俱乐部内的电子游戏机室在京城属凤毛麟角，它为百姓生活增添了不少乐趣。（1983　黄韬鹏）

“上上下下左右左右 BABA”

作为舶来品之一，电子游戏在 80 年代初进入中国，在文化宫、少年宫里摆放的游戏设备更多是先进科技的象征。随着街机、红白机、掌机等游戏设备的流行，大富翁、索尼克、俄罗斯方块、魂斗罗成了当时青少年口中的交谈密码。

和武侠小说、台球、录像甚至旱冰一起，打游戏曾经被众多家长和老师视为“不学好”。

尽管 1994 年被认定为中国的电子游戏元年，尽管电子竞技早在 2003 年就成为国家第 99 个正式体育竞赛项目，然而关于电子游戏的争议仍然不绝于耳。与争议相伴随的是中国游戏产业的迅猛发展。游戏用户的增长、玩家低龄化的趋势，都使得电子游戏成为一个无法回避的新兴事物。电子游戏产业的健康发展，自然离不开政策的支持与社会的宽容，但游戏内容的改善与提升，才是真正彻底洗刷“污名”的根本方法。

f

新中国为女性开辟了广阔的为祖国服务的道路，女性拥有和男性一样的工作权利，她们有许多机会选择自己的职业。图为哈尔滨农业大学工地上的女木工杨淑琴。（1952　刘有声）

江苏省吴县虎邱镇有 212 户职业花农，他们栽植着大量的白兰花、玳玳花和茉莉花，这些花专供制花茶之用。图中这位花农妇女正在玻璃暖房里采摘白兰花。（1953　彭华士）

左图

上海汽轮机厂自主制造出汽轮机，女工们也能迅速成长为装配好手。（1956　宋学广、吴新陆）

右图

上海微型轴承厂第一车间，内径小组的女工正在用高精度台式磨床加工轴承。（1964　茹遂初）

“妇女能顶半边天”

“小脚一双，眼泪一缸”曾经是中国妇女苦难生命的写照。时间演进到新中国，妇女运动开启了新的篇章。

1949 年 3 月，李德全在中国妇女第一次全国代表大会上发出“全国妇女解放万岁”的口号；1949 年 7 月，新中国第一份全国性妇女刊物《新中国妇女》创刊；《中国人民政治协商会议共同纲领》第六条和 1954 年《中华人民共和国宪法》第九十六条是新中国妇女地位全面提升的体现；1959 年 3 月，一艘 900 匹马力港湾柴油机拖轮“妇女号”在黄浦江下水，这是中国第一艘由妇女担任全部设计的船舶；1986 年，卫生部、劳动人事部、全国总工会、全国妇联联合下发《女职工保健工作暂行规定》，对女职工“五期”保健做出了明确保障；1992 年 4 月 3 日，第七届全国人民代表大会通过《中华人民共和国妇女权益保障法》……

妇女解放运动进入了新的发展阶段，妇女在政治、经济、文化、社会各方面和家庭生活中，地位发生了根本的变化。中国妇女走出小家庭，投身于火热的社会生活中。“妇女能顶半边天”成为广大妇女扬眉吐气的口号。

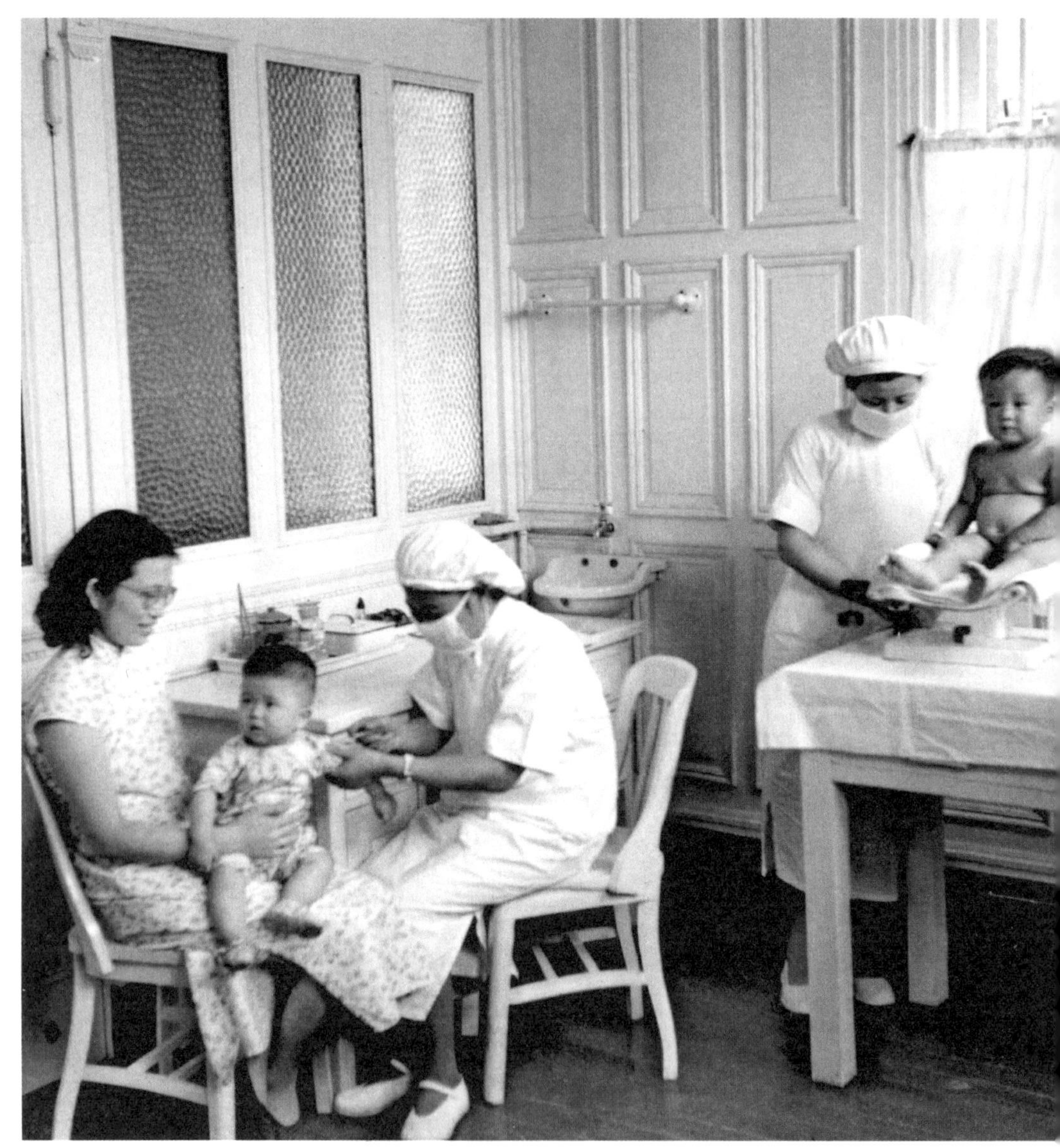

上海申新九厂女工的孩子们在妇幼保健院进行健康检查和疫苗接种。（1952　吴宝基）

“就像蚊子叮一下儿”

我国的儿童免疫规划事业，起步于50年代的普种牛痘，逐渐过渡到六七十年代的突击预防接种。70年代中期，卫生部制定了《全国计划免疫工作条例》，将普及儿童免疫纳入国家卫生计划。其主要内容为“四苗防六病”，即对7周岁及以下儿童进行卡介苗、脊髓灰质炎三价糖丸疫苗、百白破三联疫苗和麻疹疫苗的基础免疫以及加强免疫接种，使儿童获得对结核、脊髓灰质炎、百日咳、白喉、破伤风和麻疹的免疫。1978年起，我国正式进入计划免疫时期，先后经历了“四苗防六病”“五苗防七病”的阶段。2008年开始实施扩大国家免疫规划项目，实现了接种12种疫苗预防12种疾病。

画面左下角的小朋友完美诠释了“迷惘童年”的表情，不明白医生阿姨说的“就像蚊子叮一下儿”是真是假。右上角的小胖墩儿面色凝重，已经接种完毕，刚才的刺痛还没回过神，正在被称量“净重”。

各副食品商店的商业工作者们，为了便利消费者，除多设零售网点和不断改进供应方法之外，还把蔬菜和其他食品用车推到胡同里，送货上门。（1962　宋学广、王德）

“晚上面条照月亮”

新中国成立之初，居民收入水平较低，主食以糙米、小米、大小麦、玉米、高粱、番薯、芋艿等粗粮为主，肉禽蛋及水产品消费量普遍较低。糕点、糖果、水果、小食品等，也只有为老人、孩子、病人和春节等节日偶尔买上一点。

副食即非主食，一般是经过精加工的食品，包括糖果、罐头、茶叶、乳制品、蜜制品、豆制品、饮料、饼干、糕点、小食品以及酒等。在计划经济年代，主食和副食是严格分开管理的。

1953 年开始，国家对粮油统购统销，粮食和副食品凭票证供应，一般居民每人每月大米 13 公斤左右，重体力劳动者每人每月 16.5—21.5 公斤。

“早晨一个馍，中午一碗汤，晚上的面条照月亮，小孩喝了尿一床，妈妈打他一巴掌，孩子哭着说：‘妈妈，我饿得慌！’”——这是“有啥吃啥”时代的一首童谣。

随着“吃啥有啥”时代的到来，副食以及它所对应的主副食品二分法，正在从日常词汇表中消失。

中央农村文化工作队积极协助县文化馆、剧团、新华书店、电影放映队等文化艺术单位改进和开展工作，也帮助公社或生产队建立俱乐部、培养幻灯放映员等。图为安徽巢县的幻灯放映员培训现场。（1963　黄韬鹏）

“防治疟疾，保护劳动力”

1963 年，安徽省美术幻灯厂制作了讲卫生简明幻灯片《积极防治疟疾》，4 幅画面上的文字分别是：“蚊子咬过疟疾病人，再咬健康人，就能传播疟疾。不让蚊子叮咬，就不会得疟疾。积极的预防方法是彻底灭蚊。得了疟疾要早治，不但自己能早好，也免得把病传给别人。”

我国曾是疟疾（俗称“打摆子”）严重流行的国家之一，1949 年，全国疟疾病例约有 3000 万例，死亡率约 1%。疟疾威胁着人们的生活和生产。

通过群众的广泛参与，除蚊灭蝇，推广挂蚊帐（后来发展为浸药蚊帐）；清理沟渠，死水变活水，养鱼吃蚊卵；高流地区人人服药；不喝生水，早晚刷牙，饭前便后洗手，等等，防控体系得以完善和成熟，疟疾的发病率持续下降。

除了群防群治的爱国卫生运动及集体所有制下的合作医疗，另一条主线是新药的研发（集中国家力量攻关抗疟药物的“523 项目”）。有 7 个省市、60 多家科研机构、超过 500 名科研人员协力攻关，其中屠呦呦团队发现了新型抗疟药物——青蒿素。

2021 年 6 月 30 日，中国正式获得世界卫生组织消除疟疾认证。

家乡鸡北京快歺店开业记
Chicken
9

右图

项世荣光荣地加入北京市第一批无轨电车司机的队伍。（1959　何世尧）

左图

新中国成立后，重庆市区的主要街道都开通了公交线路，此外通向郊外的工业区还开通了无轨电车新线路。图为先进工作者、女电车司机李明英。（1963　郑光华）

“万国牌”

1906 年 6 月，天津第一条有轨电车线路，也是我国第一条城市公交线路正式运营，这比英商投资兴办的上海有轨电车开通还早两年。22 年后，浙江省利用美国“REO 牌”2 t 货车底盘改装了国内第一辆城市公交车。这也应该是我国客车历史上第一辆国产客车。

中华人民共和国成立初期，我国并不具备批量生产客车的能力，仅有上海、重庆、天津等极少数汽车修理厂从事进口客车的修理和改装工作，而这些由国外车型（道奇、布拉格等品牌）改装而来的客车多用于各地公交运营。由于车型和品牌陈旧且混杂，老百姓称之为“万国牌”。少之又少的“万国牌”并不能解决多数市民的出行问题，公交车在当时也并不是城市交通的主要力量。

中国客车从未停止自主研发的脚步——1950 年 4 月，北京市工业局制造出以煤气为燃料的公交车，被命名为“五一式煤气车”。同年，上海客车修造厂推出新中国第一辆改装的公交车。该车拖有装置煤气发生炉的挂车，白天运营，晚上进站后出煤渣，次日生好煤球后才上街。

到 1956 年，随着“解放牌”载货汽车的问世，我国客车产业才实现了从载货汽车底盘改装客车到用客车专用底盘生产客车的历史性转变，第一辆单机公交车、第一辆铰接式公交车、第一辆旅游团体客车等众多极具纪念意义的客车产品陆续问世，中国的客车产业逐步走上整车生产制造、自主创新、自主品牌建设的发展道路。

上海一户家庭迁入工人新村后，全家人其乐融融。（1959　《人民画报》编辑部）

沈阳的鞠智兴有 30 多年工龄，爱好雕塑。这位 49 岁的工人，在旧社会里曾经想凭自己的好手艺找一个维持温饱的工作，但是饥饿和屈辱总是跟随着他。自从住进了工人新村，他终于拥有了一个温暖的家。（1959　茹遂初）

纺织女工韩焕兄搬进了工人新村，朋友们到她的家里吃饺子。（1952　吴宝基）

“中间是一条宽阔的走道”

50年代，为了解决工人阶级住房难问题，上海市开始规划工人新村建设。1952年6月30日，陆阿狗、杨富珍、裔式娟等沪西地区纺织、五金行业的劳动模范以及先进工作者，手捧鲜花，怀揣着市政府颁发的居住证，搬进了曹杨一村。

小说《上海的早晨》中有一段关于纺织女工代表汤阿英搬进曹杨一村的描写——“只见一轮落日照红了半个天空，把房屋后边的一排柳树也映得发紫了。和他们房屋平行的，是一排排的新房，中间是一条宽阔的走道……”

曹杨一村的整体规划由建筑师汪定曾主持设计，他极具创新性地将美国于20年代提出的“邻里单元”理念融入新村的规划当中。曹杨一村住宅建筑为东南向布局，沿周边道路及河道呈扇形行列式布局，小区内住房多为砖木结构，高2至3层，外观简洁，红瓦坡屋面。除住宅建筑外，社区中心还设置有浴池等公共服务设施，外围设有菜市场以及商店。

建成伊始，曹杨一村便成为城市发展、人居环境的样板，成为大量电影的取景地，并多次接待外宾来访，引领了其他省市的工人新村建设热潮。

2016年10月，凭着“新中国成立后第一个人民新村”的身份，曹杨一村入选首批“中国20世纪建筑遗产名录”。

江苏溧阳的农民在田地头登记工分。（1960　《人民画报》编辑部）

“工分，工分，社员的命根”

1952 年，“评工记分”制度确立。在集体经济时期，“工分制”直接决定了农村生产者和管理者的行为选择，进一步影响了大集体的生产绩效和乡村社会秩序。

工分制度的实施，源于农业生产互助组，在农业生产合作社和农村人民公社中普遍采用。这种方法主要有底分死记、底分活评、定额记工、联系产量计算劳动报酬等。

工分制有利于解决生产资料和生产工具的不足，通过相互换工，可达到资源共享、促进生产的目的。从互助组时期到初级社时期，再到高级社时期，工分基本实现了按劳分配和奖惩公平。人民公社时期，社员集体劳动、集中分配，工分制除计量劳动和记录收入之外，更承载着一定的社会功能。

党的十一届三中全会后，随着家庭联产承包责任制的推行，农村里评工记分的方法逐渐废止。

新中国成立后，上海益民食品一厂不仅研制了新产品，产量也在逐年增加。图为该厂制成的大量食品罐头正待装箱运到各地去。（1952　吴宝基）

“红烧肉带三分瘦，黄豆芽烹半碗油”

1893 年，罐头生产技术传入广东，世界上第一罐“豆豉鲮鱼”在广州广茂香罐头厂诞生。罐头随即成为我国最先打入国际市场的食品品类，在出口创汇方面为国家作出了巨大贡献。

上海罐头食品制造业始于 1909 年，迈罗、老紫阳观、泰丰、泰康、和济以及冠生园等罐头食品公司先后在沪创办。上海出产的罐头除供国内消费外，另有鱼类、鸡鸭类、肉类几十个品种销往东南亚国家。

1953 年第三季度，上海开始对苏联出口水果、果酱罐头，上海罐头工业和外贸出口因此获得了转机。1954 年又对捷克斯洛伐克和民主德国出口罐头，从此上海罐头工业得以不断发展。1955 年，上海的罐头出口量已达千吨，创汇 52 万美元。

现在，中国罐头行业技术、市场规模都有了长足发展。罐头已成为我国食品行业中体系健全、质量稳定、安全可靠的行业之一，中国也成为全球最大的罐头生产和出口国。从“奢侈”食品到日常饮馔，罐头行业是我国食品工业崛起的一个小小缩影。

图说中提到的益民食品一厂，不只是当时上海的罐头生产厂家，更是国内第一家具有较大生产规模的综合性食品工业企业。它的“光明牌”（原名“美女牌”）开创了中国冷饮民族品牌的先河。

左图

上海公私合营华丰钢铁厂的副厂长杨绍昌（左）是上海第一个被提拔的工人厂长。他正在听取工程师严开镐提出改进管子配件浇口、减低废品率的意见。（1952　吴宝基）

右图

高锦松原是东北机械工业管理局第十八厂的学徒工，由于她认真地学习生产技术，进步很快。1952 年底，她被提升为工段长，领导着 4 个生产小组的工作。（1953　张吉年）

“提拔优秀工人到领导岗位上来”

在1954年上映的电影《伟大的起点》中，工人出身的陆忠奎被提升为炼钢部主任。面对观念陈旧的总工程师和保守自满的厂长，陆忠奎经过反复钻研，终于成功地扩建了炼钢炉，将产量一举提高了20%。

这样的故事并非编剧凭空捏造。1949年后，全国各大厂矿纷纷采取了“着眼基层、强调实干、兼顾公论”的人才储备和擢升方法。保守思想、本位主义、资历论、任人唯亲的职场窠臼得以涤荡，旧时“冯唐易老、李广难封”的故事没有在新中国的工矿企业重演。

在杨绍昌担任上海公私合营华丰钢铁厂副厂长之后，《解放日报》发表了题为“提拔优秀工人到领导岗位上来”的短论。短短两个月间，上海市的国营、公私合营工厂就提拔了多达1036名工人干部。

50年代，全国各地都有大量优秀工人和劳动模范被提拔为干部，选拔的标准主要是政治品质（德）和业务能力（才）。辽宁的马恒昌、湖北的彭仰钦、河北的马万水、北京的时传祥、黑龙江的王进喜……都是新中国历史上星光熠熠的工人干部代表。

提拔工人干部的政策是“群众路线”的场景化应用，是广大工友“当家作主”的直接体现，也对改善干群关系、巩固基层力量、推进生产建设起到了重要作用。

在浙江舟山的临街小吃店里，人们围坐一桌，品尝海鲜大餐。（1986　李栓德）

“‘鸡毛换糖’的拨浪鼓又响了”

70年代，随着数百万知识青年回城，国家开始提倡广开就业门路，大量待业青年自谋出路，成了“倒爷”或“街边仔”，个体经济的大门徐徐开启。

个体经济的迅猛发展，得益于农业经济制度的创新和农业生产效率的提高，大量农业剩余劳动力转变为个体经济从业者。五六十年代是中国人口出生高峰期，他们达到劳动年龄恰逢社会转型期，随着国有企业、集体企业的吸纳能力日渐受限，失业青年们成为个体经济大军中的主力。

在经历创业艰辛的同时，个体户们也承受着社会舆论的曲解：“一国营二集体，不三不四干个体。”在当时流传的各种顺口溜中，个体户的生存窘境一览无余。随着个体经济在国民经济中发挥了越来越重要的作用，很多个体户成为“万元户”，人们对个体经济的观念也渐渐发生了变化。

1979年，全国批准的个体工商户约为10万户，到20世纪末，这一数字发展为2571万户；从业人数的变化更是惊人，1978年，仅有14万人从事个体经济，到1999年末，从业者总数达到5070万人；注册资金上的变化更是显著，由1981年的5亿元增加到90年代末的3315亿元。

1984年，第一部反映个体户生活的电影《雅马哈鱼档》由珠江电影制片厂推出。电影在北京的试映获得了热烈反响，有观众在电影落幕后激动地高呼：“广州的今天就是我们的明天！”

上海证券交易所门外，一位股民用望远镜远眺大厅内电子屏幕上随时刷新的股票交割信息。（1992　于文国）*

飞乐、延中开启新中国股票

改革开放后，随着农村包产到户改革的成功推进，城市国有企业和集体企业“包转租”改革的逐步实施，一些企业开始探索实行股份制、尝试发行股票，各类债券发行逐步恢复，与买卖证券有关的交易场所、交易系统和专营机构等随之诞生。

1980 年 1 月 1 日，抚顺红砖一厂发行“红砖股票”，但它并不是严格意义上的股票，只能算是准股票形式。因为它的股票认购只开放给大工厂，且在股票上注明 1982 年后收回。

1980 年 6 月，成都市工业展销信托股份公司成立并发行股票，这是我国有记载的第一家股份制企业。1984 年 8 月 23 日，北京市天桥百货股份有限公司成立，成为我国第一家转为股份制的国营企业。

1984 年 11 月 18 日，上海飞乐音响股份有限公司向社会发行 1 万股（每股票面 50 元）。这只股票没有期限限制，不能退股，可以流通转让，被视为真正意义上的股票，也成为我国第一只公开发行的股票。

1986 年 9 月 26 日，中国工商银行上海信托投资公司静安证券业务部以挂牌方式代理买卖飞乐音响和延中实业两只股票，实行现金交易，按成交金额收取 3% 的代理手续费，是我国第一家股票交易柜台。

1987 年 9 月 19 日，深圳 12 家金融机构出资成立了全国第一家证券公司——深圳经济特区证券公司，中国股市的传奇正式开始。

周庄处处皆入画。（1997　孙树清、尹杰、李小伟）

“眼中钉”与“抽丝砍蹄”

1978 年，著名画家杨明义到周庄创作了《水乡的节日》，他因此被誉为“发现周庄第一人”。后来，画家陈逸飞和吴冠中也先后来周庄写生。陈逸飞以周庄双桥为原型创作的《故乡的回忆》，被美国石油大亨买下，又在 1984 年送给中国。周庄随之名满天下，成为江南水乡古镇的代表，收获了“中国第一水乡”的美誉。

1978 年以来，周庄初步形成了以皮革制品、建材等行业为主的工业体系。为方便货物进出，周庄在河道上修建了一座水泥平桥，吴冠中看到后写了一篇文章——《拔掉眼中钉》，来批评这个“违章建筑”。

周庄的保护和发展之路在 1986 年走上正轨。1985 年，同济大学教授阮仪三数次前往周庄考察。次年，他带领 45 名学生对周庄的水系、民居、古桥、古建筑和人文风俗等做了详细的调研。阮仪三邀请 “大地农村发展基金”负责人之一、著名建筑家金瓯卜考察周庄，周庄古镇规划项目随即得到了“大地”基金 5000 元人民币的资助，第一版《水乡古镇周庄总体及保护规划》得以问世。

1991 年，周庄提出了“保护古镇，开发新区，发展旅游，繁荣经济”的十六字方针。2001 年之后，为了整顿过度商业化问题，周庄开始了“抽丝（丝绸）砍蹄（万三蹄）”行动。

从发展规划到旅游开发，从商业化到遏制过度商业化，从保护古镇风貌到申请世界文化遗产，周庄模式引领了中国的水乡古镇旅游。

恒源纺织厂是天津较大的私营纱厂之一。新中国成立后，该厂执行了“劳资两利”的政策，于 1950 年 1 月成立了劳资协商会议。（1950　刘庆瑞）

没有搜身，只有喜悦

天津恒源纺织厂建于第一次世界大战期间，主要股东是北洋军阀曹锟家族。由于官僚式的经营管理方式，连年亏损，到日本投降时，纺织厂已经奄奄一息，只开一班生产苟延残喘。

天津地下党在恒源纱厂积极开展工人运动，给资本家发信，严禁他们抽逃资金、转移机器设备。又组织了部分男工成立护厂队，分组轮流进厂值班，在发电厂电机车间等要害部位修砌防弹墙，清理清花车间地下室，准备战火纷飞时，组织住厂女工进入躲避炮火……在周密的安排下，恒源在天津解放后的第二天就恢复了生产。

恒源纺织厂不只是首批建立了劳资协商会议制度的工厂之一，也率先取消了最伤害工人自尊心的搜身制；工资改革更大大提高了群众生产积极性；对部分车间夏季高温、高湿问题，采取打深井、提冷水、加天然冰、送冷风的办法，劳动环境得到前所未有的改善。职工伙食从一菜一汤改为四菜一汤，哺乳室、托儿所、工人文化补习夜校、阅览室、京剧团、歌舞队、秧歌队、篮球场、溜冰场等设施相继建成。

在搜身的年代，厂门口只有委屈和尖叫，现在女工们下班后走出工厂大门——轻快、喜悦的灵魂再没有负担。

又是一个丰收年。某华侨农场第一生产队收割完稻子后，队员把稻谷担到大船上，准备运回打谷场去。图为队长黄小虹担谷时，一边急行，一边放声歌唱的情形。（1952　丁一）

“甜蜜的歌儿飞满天啰喂”

1951 年 12 月，全国第一个华侨农场——广东省归国难侨处理委员会农场在万顷沙一带成立。农场既是安置归难侨的事业性基地，又是进行经济生产的企业实体，集社会性、全民性、企业性、侨民性为一体。到 1978 年底，广东共兴办了 23 个华侨农场，安置了来自 24 个国家和地区的 8.4 万名归难侨。

糖、茶、果、奶，成为广东华侨农场产出的“四大件”。平沙华侨农场糖厂蜚声海外；英红华侨农场生产的红碎茶荣获国家银质奖和巴黎国际商品奖；杨村华侨农场一度是亚洲最大的柑橘生产基地；光明华侨农场生产的鲜牛奶，曾占中国香港市场销售量的 50% 以上。

“甜蜜的工作甜蜜的工作无限好啰喂，甜蜜的歌儿甜蜜的歌儿飞满天啰喂，工业农业手挽手齐向前啰喂，我们的明天我们的明天比呀比蜜甜啰。”1979 年，取景于华侨农场平沙糖厂的电影《甜蜜的事业》上映，展现了那个年代农场青年的生活现场。

1951 年，武昌第一纱厂细纱工朱早弟（中间坐者）被派到青岛学习郝建秀工作法，回厂后积极宣传，认真帮教，使所在的细纱车间有 35% 的值车工掌握了郝建秀工作法，回花率平均降低 61%，圆满完成推广任务。（1954 《人民画报》编辑部）

“超额利润可买 68 架战斗机”

新中国成立后，纺织工业很快恢复了生产，但流程管理和职工干劲尚处在适应社会主义生产方式的阶段。对企业进行民主改革、生产改革和经营改革势在必行。

在青岛市开展的“红五月”生产劳动竞赛活动中，第六棉纺织厂细纱车间值车工郝建秀的出皮辊花率仅为全国平均水平的 1/6，这一令人惊奇的表现引起了工友和领导的关注。

1951 年，由中国纺织工会全国委员会组织的 17 位专家和技术人员构成的“郝建秀工作法研究委员会”，经过现场观察与测定，找出了郝建秀少出皮辊花的经验。当年 8 月，“郝建秀细纱工作法”被正式命名为“郝建秀工作法”。它不仅有助于增加产量、节约原料、降低成本、延长机器寿命，也大大提高了工人的看台能力。工作法也引发了一系列技术革新。“只要全国纺织企业达到青岛第六棉纺织厂的水平，超额利润就可以买 68 架战斗机……”

郝建秀工作法不只是纺织业的技术革新，也是新中国工人爱岗敬业精神的开端。“是人支配机器，不是机器支配人”，当年 16 岁的郝建秀发现了纺纱的秘密，也开辟了定额管理的先例，并为实行经济核算创造了条件。

新中国成立后，在我国的各开放港口，都建有海员俱乐部。当航行结束时，海员们经常在甲板上举行各种表演会。（1952　吴宝基）

“倦航的船儿快来靠港，靠港”

作为特殊工种人群福利的海员俱乐部起源于欧美，俱乐部为长期在海上航行的从业人员提供了在陆地上休养、娱乐的文化空间。

新中国成立后，随着国际贸易的发展，进入我国港口的外国商船日益增多。为了承担到港中外海员的接待、服务工作，中国各大对外开放的港口城市都成立了国际海员俱乐部。

新中国第一家国际海员俱乐部诞生于黄浦江畔。此后，青岛、秦皇岛等沿海城市也纷纷设立海员俱乐部。俱乐部内多设有剧场、舞厅、文娱活动室、商店、宾馆等，为来到中国的国际海员提供船舶靠港登轮慰问、进出港借工、办理就医、法律援助等事务和文化娱乐活动。

图中提到的海员俱乐部是大连北洋区海员俱乐部。1951 年，大连兴建了设有健身房、音乐厅、电影院、台球室等文体空间的海员俱乐部。70 年代，随着接待和服务项目的增多，高标准、多功能的大连国际海员俱乐部建成。

不只是大型港口，汕头市南的葛洲村也有乡村海员俱乐部。葛洲籍的海员有很多在中国香港各船务公司任职，他们当中的很多人在葛洲只有老屋，且大多已经不适合住宿。1979 年，南洋建筑风格的葛洲俱乐部竣工，成为葛洲海员养精蓄锐、敦睦乡谊的理想处所。

改革开放之后，随着我国航运业的迅猛发展，越来越多的海员俱乐部在国际协作、航海技术交流上作出了更多贡献。

为了迎接亚洲及太平洋区域和平会议，北京市的妇女聚集在一起赶做彩花与和平鸽。（1952 《人民画报》编辑部）

“齐心合力，集中力量办大事”

为应对美国在亚洲制造的紧张局势，1952 年 3 月，中国和平人士宋庆龄、郭沫若、彭真、刘宁一等联名邀请亚洲和太平洋区域的和平人士，共同发起亚洲及太平洋区域和平会议。

这是中华人民共和国成立后第一次召开如此大规模的国际会议。为接待外宾，崭新的和平宾馆按时完工，怀仁堂前只能容纳 300 多人的院子改造成了能容纳 900 人的大礼堂，并在两边楼上配置具有国际水平的同声传译箱，同时翻译 8 种语言。这是中国“齐心合力，集中力量办大事”在对外工作中的第一次大展示。10 月 2 日，亚洲及太平洋区域和平会议在北京召开。11 天内，共有 112 位代表和来宾发言。

在北京召开亚太和会是中华人民共和国成立后民间外交的首个重大举措，也是中国新民主主义革命阶段实行的统一战线政策在国际活动中的胜利开局，对开拓当时中国的民间外交局面起了历史性作用。除会议本身的成功引起了世界关注外，会后安排的外地参观访问更为亚太国家认识新中国打开了窗口。上海滩少先队“雄赳赳气昂昂”的歌声、佛子岭水库挑灯抢修等壮观景象，让代表们受到震撼。回国后，他们纷纷通过著书、演讲等方式传达在华见闻，很多人成了各国早期对华友好协会的创始人或积极支持者。

天津电信局长途台女话务员郭秀云，积极钻研业务，创造了一套先进的操作法，大大缩短了处理长途电话占用电路的时间，提高了电路有效使用率。（1952 《人民画报》编辑部）

上海杨树浦发电厂，控制室的两位青年值长丁惠民（左）和许冠亚在工作。（1959 陆永桢、毕品富、马庚伯）

“喂，您好，要哪里？”

“啪”，话务台上的号牌掉下来，话务员根据通话人的需求，把插头插向被叫方的圆孔里。双方通话后，话务员在面前的本子上把时间记下以便于计费——这是磁石电话时代的“总机”里最常见的场景。

话务员又称接线员，她们用插拔线的电话转接方式，连通两地。作为声音传递者，这些中国的“Hello Girls”在很长一段时间都是令人尊敬、羡慕的“时尚”职业。话务员大多由声音甜美的年轻女性担任，入职前需要经历多项审核，入职后更要熟练背诵各个插孔对应的单位。

随着自动交换技术的成熟，440 赫兹的机械音取代了温婉的女声。彩铃嘈杂，话筒里不再有一声耐心款款的“请稍等”传来。

北京中央实验话剧院积极响应国家的号召，制订了下乡、下厂、下连队的演出计划。图为他们在河北阜平农村演出时，孩子们在偷看后台的小“秘密”。（1958　邓永庆、敖恩洪）

于茶馆无声处恋爱的犀牛

1949年前，传统戏曲是舞台上的主要演出形态，加之物质条件受限，中国话剧的发展举步维艰。新中国成立以后，话剧得到了井喷式的发展。在中央实验话剧院成立前，中国青年艺术剧院、上海人民艺术剧院、北京人民艺术剧院等专业演出团体已经如雨后春笋般出现。

场馆开辟、话剧演出团队形成建制以及“保留剧目”的设定，为新中国话剧的发展提供了物质与制度保障。1956 年，随着“百花齐放，百家争鸣”方针的提出，第一届全国话剧会演成功举办，《龙须沟》《茶馆》《蔡文姬》等剧目让中国话剧达到了前所未有的高度。

样板戏“三突出”创作原则使得话剧创作和演出趑趄不前，直到1978年，振聋发聩的《于无声处》问世。它开辟了“社会问题剧”的先河，被全国 2000 多个剧团搬演，引发了现象级的观剧热潮。

现代主义思潮在 80 年代的中国话剧舞台上悄然兴起，反思乡土中国的作品如《狗儿爷涅槃》《桑树坪纪事》再度引发了公众热议，意识流、旋转舞台、荒诞派、德国表现主义等风格多变、类型迥异的戏剧实验也出现在观众视野中。

中国话剧面向市场的探索始于 90 年代，《离婚了，就别再来找我》《恋爱的犀牛》等剧目为中国话剧的商业转型奠定了基础，小剧场戏剧在话剧市场中异军突起。随着市场化的深入，独创性的实验戏剧日益被边缘化。

我国第一辆国产小轿车诞生于长春第一汽车制造厂。第一辆小轿车取名“东风”，是红旗车的原型。我国有编号的第一辆真正的“红旗牌”高级轿车诞生于 1958 年。（1959　敖恩洪）

“乘东风，展红旗”

1958 年 5 月，长春第一汽车制造厂试制成功第一辆国产小轿车。这辆车标是一条金龙的“东风”是红旗轿车的前身，车型编号为 CA71。CA71 只生产了 30 台，但它为以后制造红旗轿车积累了宝贵的经验。

在攻克了多个技术难关之后，1958 年 8 月，一汽以 1955 型的克莱斯勒·帝国高级轿车为蓝本，手工制作了第一辆红旗轿车，编号为 CA72。CA72 的前脸采用扇形图案，车身庄重典雅，采用了造型别致的宫灯型尾灯，方向盘上的向日葵造型及后尾标都用纯金打造，车内采用了景泰蓝、福建漆、杭州织锦等工艺。这款红旗轿车共有 4657 种零件，其中自研零件达到 3488 种，是中国第一辆自主研发的轿车。

1959 年 10 月 1 日，10 辆崭新的 CA72 红旗轿车在国庆庆典上亮相。1960 年，红旗轿车被编入《世界汽车年鉴》。从此，红旗轿车被规定为国家重大活动的国事用车。“坐红旗车”曾与“见毛主席”“住钓鱼台”一道，被视为中国政府给予外国来访者的最高礼遇。

由于耗油量大、成本高、产量低，红旗轿车在 80 年代初停产。在国庆 35 周年庆典上，红旗轿车重新回到人们的视野中。到 90 年代后期，“小红旗”（CA7220）和“大红旗”（CA7460）先后上市，开启了老牌中国汽车面向新世纪的征途。

河南林县人民用自己勤劳的双手，在太行山上，逢山凿洞，遇沟架桥，一锤一钎，坚持苦干近 10 年，建成了 1500 公里的红旗渠。图中是在建设新农村中作出贡献的“铁姑娘”。（1974　张韫磊、王德英）

“誓把河山重安排”

1974年，中国首次派高级别代表团出席联合国大会，在会上播放了10部展示新中国建设成就的电影纪录片，第一部就让观众们震惊不已……

据《红旗渠志》(1995)记载，地处豫晋冀三省交界的林县“土薄石厚，水源奇缺”，从1436年到1949年的514年间，曾发生旱灾100多次，绝收30次，甚至有“人相食”的惨剧发生。红旗渠修建以前，县域内的550个行政村中有307个村人畜饮水困难。

1960年2月10日，林县县委向全县人民发出“引漳入林”的号召。一个月后，总指挥部给工程换了一个更响亮的名字——“红旗渠”。10年间，10万林县人共削平了1250座山头，架设151座渡槽，开凿211个隧洞，修建各种建筑物12408座，挖砌土石达2225万立方米，在太行山的悬崖峭壁间生生开辟了一条全长1500公里的河道。“人工天河”的干渠、支渠将浊漳河的水散布到林县的全部乡镇，彻底改善了林县人民靠天等雨的恶劣生存环境，结束了林县“十年九旱、水贵如油”的苦难历史。

让联合国大会上的观众诧异不已的电影正是《红旗渠》。电影让红旗渠“世界第八大奇迹”的美誉不胫而走，它带给世界的不只是文化震惊，更有对新中国“自力更生、艰苦创业、团结协作、无私奉献”的全新风貌的由衷赞叹。

我国第一批女滑翔运动员之一张彩文。（1962　李兰英、任诗吟）

“找到一个好气流”

1952 年，在原团中央军事体育部的基础上，借鉴苏联“全苏支援陆海空军志愿协会” 的经验，中央国防体育俱乐部正式成立（后改称中国人民国防体育协会），具体筹建、组织滑翔运动等国防体育项目的开展工作。

滑翔机与飞机外形相似，是一种没有动力装置、重于空气的固定翼航空器，可以由飞机拖拽起飞，也可以由绞盘车或汽车牵引起飞，最初级的还可以从高处的斜坡上下滑到空中。掌握这些技术的滑翔员日后经过简单的训练，就可以很快成为一名飞行员。

“找到气流柱以后每秒能上升 3 到 4 米，唰！唰！唰！……几分钟以后升高几百米，那心情是非常愉快的！取得高度以后滑翔员才会有自信，找到一个好气流是滑翔员在飞行过程中最开心的事儿。”当时国家滑翔队中为数不多的女滑翔员张彩文说。1961 年 4 月，她创造了女子单座升高相对高度 4000 米、绝对高度 4400 米的滑翔纪录。

1960 年，国家滑翔队在全国范围内选拔 32 人，在安阳进行了特技、翱翔、创纪录飞行、编队特技、舵机编队和“雅克 -18”飞机起落航线、特技、编队等科目集训，集训后有 21 人留在滑翔学校，正式组成了国家滑翔队。

1977 年，北京市共设立了 195 个考场，凡符合招生条件的考生均可报名参加高考。图为西城区第 150 中学的一处考场，监考老师正在讲解注意事项。（1977　高明义）

"改革开放前的一声春雷"

在1977年8月召开的科学和教育工作座谈会上，武汉大学化学系副教授查全性指出了现行高等院校招生制度的若干弊端，他的发言引发了与会者的强烈共鸣。教育部随即召开了第二次全国高等学校招生工作会议，研究通过了《关于1977年高等学校招生工作的意见》，决定立即开始恢复高校招生考试制度。

恢复高考的消息迅即传遍全国，被积压、埋没了十数年的青年为重获"知识改变命运"的机会而振奋不已。全国各地的新华书店都出现了彻夜排队购买《数理化自学丛书》的场景。历史学家雷颐追忆当年备考的情形："别人在打牌，我就在复习，都是复习到半夜，中午整个车间机床轰鸣，一点没把我震醒……"

1977年的高考是新中国历史上唯一一次冬季高考，猎猎寒风中竟有了和煦的气息。参加高考的人数达到了史无前例的570多万，他们年龄参差不齐、社会身份迥异。

1978年春，被录取的27.3万名新生走入大学校门。"77级"不只是一届大学生的指称，随后也成为重要的历史符号和时代象征。

恢复高考不仅重新认可了知识的价值、提升了知识分子的地位，更重新打通了社会流动的渠道。

多年以后，人们这样讴歌1977年高考："你穿过原野，给干涸的大地多少绿色的希冀？你掠过海天，使澎湃的春潮变成连篇的写意！"

雪后的胡同，变成儿童的乐园。孩子们打起雪仗，堆起雪人，笑声一片，欢乐一片。（1954　黄鸿辉）

“银锭桥再也望不清那西山”

随着家庭结构、社会观念和生活范式的变迁，四合院“天棚鱼缸石榴树，老爷肥狗胖丫头”的宜居性受到了挑战。在城市规划过程中，四合院也面临着保护和发展的矛盾，一些四合院被列为文物保护单位，大部分变成了大杂院，另有一些被拆毁。

八九十年代，随着老城区保护的开展，北京市对原有四合院进行了改造。

1990 年，由清华大学吴良镛教授主持的北京菊儿胡同四合院的危改项目，在保留院落结构的基础上，将原有四合院的平房改为楼房，增加了厨房、卫生间等设施。这一改造工程获得了联合国的“世界人居奖”。北京南池子危改中，也将部分四合院房屋改成两层，并修建了地下车库。

2006 年，北京市公布了《北京四合院建筑要素图》，作为对四合院保护、修缮、翻建、改建的参考依据。近年来，旅游街区、文创基地纷纷进驻传统民居，胡同、四合院有了全新的当代面相。

“妇女叼烟袋，窗户纸糊在外，养活孩子吊起来”，形象地展示了东北早年间的生活情景。
（1985　黄禄奎）

“陪我度过那个年代”

90 年代初，文艺作品中弥散着怀旧的情绪：《小芳》《涛声依旧》广为传唱，全民收看电视剧《渴望》，《老照片》系列图书备受追捧。人们试图通过对田园牧歌的追忆，扭转日常生活中的物质化、庸俗化的倾向。

事实是，层出不穷的新产品淘汰了原有的生活必需品，比如悠车。

“养个孩子吊起来”说的是曾经在北方广为使用的悠车，即挂在房梁上的“摇篮”，是秋千和婴儿车的合二为一。悠车形如小船，悬挂在炕上方的“子孙椽子”上。车帮的外侧用红黄油漆涂刷，并有“长命富贵”“九子十成”“凤鸣岐山”之类的吉祥文字和图案装饰。吊绳上还拴有小铃铛和布制、骨制的小玩具。

婴儿“上车”前往往要由姥姥、舅妈等叨咕几句吉祥话，放一些钱在车内的枕头下，再把自家的猫放进去悠一悠，如果猫不在家，就用扫炕的“笤帚疙瘩”代替。因为猫、笤帚疙瘩整天待在自家炕上，将其在车里放一放，孩子再睡就不会“认生”。

悠车育儿既能充分利用室内空间，又能解放母亲的双手——她在纳鞋底，小臭儿在悠车里望着梁上的铜环，他听不懂妈妈的哼唱，只是觉得好听：“悠啊悠，悠啊悠。狼来了，虎来了，小猫背着鼓来了……秃子吃，秃子看，秃子打仗秃子劝，秃衙门，秃板子，专打小臭儿的屁股蛋子……”听到这里，小臭儿只觉得胯下一热，他哭出声来。

农庄庄员们根据具体情况进行合理的分工。妇女们也担负了耕作以及庄上的养猪、煮饭等工作。图为农庄妇女会主席金采今安排生产。（1952　彭华士）

“男女庄员一齐劳动，各显其能”

1945年下半年，为了建立东北根据地，合江省政府着手修复被日伪破坏的桦川县水利灌溉站。两年后，桦川水利农场出现在广袤的三江平原之上。农场出动了拖拉机和大犁，开垦出1200多亩荒地。黑得流油的土地和全新的劳作方式（集体化生产、农业机械化）在呼唤着耕耘者——桦川水利农场的名声传到了延吉、密山、林口、勃利等地富有种植水稻经验的朝鲜族农民耳中。

1948年春，共产党员金白山率领80户朝鲜族农民从吉林省敦化市来到桦川，共产党员李在根带队的农民也随后抵达。农场实行了新的合作办法，每4户成立一个共耕组，按各组劳力数获得相应的土地，按“地四劳六”的比例分红。农场当年就获得了好收成，金白山小组的亩产达到了惊人的390多斤。

1951年2月，“星火集体农庄”诞生。农庄的章程规定：土地归农庄所有，年满16岁的劳动者皆可自由参与或退出，成员的私有财产折价顶入庄金和生产基金，分红按劳动日实行……耕作区和耕作队划分细致、分工明确，并设定了七级定额，通过定额付给工分报酬。在年末分配时，农庄还设立了公益金和公积金。

组员们干劲昂扬，带头人也发挥专长：金白山发明的条播密植机将播种效率提高了10多倍，亩产达到597斤，创造了全省的最高纪录；李在根创造的地表播种法被推广到其他水稻产区，并沿用至今。

如同它的名字一样，星火集体农庄为全国各地开展全新的农业生产模式提供了经验，引领了全国农业合作化的燎原之火。中央新闻纪录电影制片厂拍摄的专题纪录片和小学课本里记述的农庄故事，更让

"星火"成为妇孺皆知的新中国农庄的代名词。

星火集体农庄承载的不只是筚路蓝缕、以启山林的拓荒精神，更孕育了新中国农民的自我身份认知——1952 年 3 月，《人民日报》写道："这里是几年前还被人叫作'北大荒'的北满草原……集体农庄是农民们发挥自己的特长和实现自己的理想的乐园，什么人都会感到自己是集体生活中的重要人物。"

广东新会，社员们小憩。每个社员都为好收成贡献了力量，尤其为大家称颂和拥戴的是队长黎玲。社员们说："有了这样一个好队长，大家干起活来就像一个人那样齐心。"（1961　郑光华）

摩托车是我国人民体育的新项目之一。图为新中国的第一批女摩托车运动员，驾驶着我国自制的井冈山摩托车，在北京西郊公路上奔驰。（1952　敖恩洪）

星火点燃中国摩托轰鸣

说起中国摩托车的起源，很多人都会认为是“长江 750”。从诞生的先后顺序上来说，有“中国第一辆摩托车”称号的“井冈山”要比它早 5 年。

1950 年，中国人民解放军北京第六汽车制配厂厂长程华明在全军运输会议上提议试制摩托车，再过渡到汽车。汽配六厂请来张世恩等工程师，带领从全国各地招聘来的技术人员共同研发。1951 年 7 月 8 日，完成首批 5 辆摩托车的试制。这种摩托车被中央军委授予了正式的名字——井冈山。

1951 年 10 月，南京第三汽车制配厂被指派与北京汽配六厂共同生产井冈山摩托车。产能扩大以后，至 1953 年底，井冈山摩托车的年产量突破了 1000 辆。

1954 年，井冈山摩托车还以苏式 M72 型摩托车为样本，增加了边三轮车型的研制和生产。1955 年后，由于两家工厂转产，井冈山摩托停产。

1957 年底，第一辆排量为 746cc 的摩托车试制成功，这就是蜚声国内的 750 摩托车（后被命名为“长江”）。

从“井冈山”点燃星火，到“长江”开枝散叶，再到 1964 年的“轻骑 15”，中国摩托车制造从一张白纸开始，艰难起步，实现了从无到有的突破。

随着航空运动的普及，青少年也被这项体育运动深深吸引。图为北京市第二十三中学航空运动小组的同学们正在刻苦练习滚环。（1962　李兰英、任诗吟）

“流血流汗不流泪”

军事体育也被称作国防体育，即通过跳伞、滑翔、航模、射击、摩托车、无线电等项目，对广大民众进行军事知识教育和军事技术训练，目的是培养国防后备力量。

“中央国防俱乐部”由团中央于1952年2月组建成立，因隶属于“中华全国体育总会”，俱乐部在名称中又加入了“体育”二字。京、沪、渝等十几个城市随后陆续成立了单项俱乐部及活动小组，并为青少年举办了大量国防知识与单项技术短训班。到50年代中期，全国共建立了各种国防体育活动场所163个，有119万余人参加了军事体育活动。

新中国的国防体育运动既是一场军事知识、技能的普及运动，也是一场爱国主义与国防观念的教育运动。“军事体育”一词虽已成为历史，但深受国防体育精神陶冶的一代代科技爱好者和运动员们，仍然活跃在竞技和科研的第一线，为中国的军事科技发展作出了贡献。

在全国火车站中，深圳火车站作为深圳交通的重要枢纽，一直发挥着特区窗口的作用。（1978　李春生）

“看准了的，就大胆地试，大胆地闯”

党的十一届三中全会前后，在中央的支持下，广东、福建两省利用毗邻港澳台、华侨多的优势，决定在对外开放中“先走一步”。

1979 年 7 月，深圳、珠海、汕头和厦门开始试办“出口特区”。1980 年 5 月，“出口特区”改称“经济特区”。经济特区迅即成为改革开放和现代化建设的排头兵，“时间就是金钱，效率就是生命”“空谈误国，实干兴邦”成为一批批开拓者的座右铭。经济特区是中国改革的“试验田”和对外开放的“窗口”，沧海桑田的变迁背后是改革开放的磅礴伟力。

1988 年 4 月，海南经济特区设立。1992 年，中国加快了改革开放的步伐，经济特区模式升级为“国家级新区”，上海浦东等国家级特区迅速成为中国新一轮经济建设的“地标”。

迅速崛起的经济特区实现了“一部分人、一部分地区先富起来”的目标，也完成了时代赋予的“带动和帮助落后地区”的使命。“不到深圳不知道钱少”是中国自我创造的震惊体验，也赢得了国际社会的赞叹——英国的《经济学人》杂志评价说：全世界超过 4000 个经济特区，头号成功典范莫过于“深圳奇迹”——

1979 年，深圳的 GDP 为 1.97 亿元，中国香港为 1490.64 亿元，是深圳的 700 多倍；1999 年，深圳的 GDP 为 1804 亿元，中国香港为 12467 亿元，是深圳的 6.9 倍；2022 年上半年，深圳的 GDP 为 15016.91 亿元，而中国香港为 11263 亿元……

健美操是一项深受广大群众喜爱，普及性极强，集体操、舞蹈、音乐、健身、娱乐于一体的体育项目。图为女子三人健美操，具有一种向上、充满青春活力的动感和美感。（1987　王永强）

“不管多大肚，都穿健美裤”

90年代初，中央电视台推出的《健美五分钟》节目风靡大江南北，动感的节奏、靓丽的教练和学员随即引发了全民健美狂潮。“不管多大肚，都穿健美裤”，成了城乡随处可见的时髦穿搭，其普及程度，甚至远超同期的喇叭裤和牛仔裤。

健美操在80年代初传入我国，中国的第一代健美操从业者参照“简·方达健美操”编排了成套动作加以推广，“女青年健美操”“哑铃健美操”“形体健美操”等迅速在民众中成为热词。这其中，北京体育学院健美操研究组编排的“青年韵律操”在大专院校中普及最广。

1987年，全国第一家健美操健身中心“利生健康城”面向社会开放。同年，全国首届“长城杯”健美操比赛引发的健美操热潮波及全国，成为90年代初重要的文化现象。

书刊、电视等媒体的渲染，更让健美操走出校园和健身房，形成了席卷全国的“群众运动”。当“大众健美第一人”马华在荧屏上喊出“和我一起做，每天5分钟”时，家庭主妇早已在电视前站定，在厨房里忙活的男人被急促的敲门声惊醒：“地板踹得咚咚响，让不让楼下活了！”

安抚了邻居之后，客厅里传出的劲爆节奏让他恍惚……就在短短的十多年前，萦绕在他耳中的是：“向前进，向前进，战士的责任重，妇女的冤仇深！”

019

位于华山下渭河边的陕西省农业生产建设师华阴农场，1965 年的小麦亩产量比 1964 年增产五成。在收获季节，华阴农场一连优秀联合收割机手高耀虎收割小麦。（1965　宋学广）

康拜因

“你为农业插上了机械化的翅膀！”

“康拜因”是联合收割机英文“combine”的音译。1926年，随着苏联从美国引进联合收割机，伏尔加河畔的农田里响起了机器的轰鸣。

50年代，我国从苏联购买了一批联合收割机。1952年9月，第一机械工业部成立以后，开始进行大型农业机械的制造工作，北京农业机械厂（即北京内燃机总厂的前身）被指定设计制作联合收割机。

北京农业机械厂全体职工于1955年7月9日写信给首届全国人民代表大会第二次会议，报告我国第一台谷物联合收割机试制成功。信中说：“在你们正在讨论和决定我国发展国民经济的第一个五年计划草案的时候，我们以万分兴奋的心情向大会报告，我国第一台谷物联合收割机试制成功了！”

这台联合收割机由收割脱粒台、清理机、集草车、集糠器四部分组成，共有2.5万多个零件，重约7吨，附有电气照明设备，夜晚也可在田间作业。它每小时可收割和脱粒33亩小麦，仅收割工作部分，就相当于200人的手工劳动。

联合收割机的推广，也直接催生了联合收割机手。第一批女康拜因手“云雀姑娘”刘瑛带领联合收割机组，在多雨的情况下，以班次收割小麦375.1亩的成绩刷新了全国纪录。她所在的机组被团中央授予“保尔·柯察金突击队”的荣誉称号。

北京管理局的乘务队是由 24 位女同志组成的。她们都是中学毕业生，都热爱航空事业，热爱这种平凡而又重要的为人民服务的工作。这是准备执行任务的女乘务员们。（1963　宋学广）

“过筛子一样”

空姐的选拔标准异常严格，万里挑一。即便如此，从新中国建立初期起，就有千千万万逐梦蓝天的年轻人跻身于选拔的浪潮当中来。

1955 年，新中国民航拥有的运输飞机增加到了 57 架，还首次从苏联购买了 4 架伊尔 14 型飞机，国内航线和国际航线也达到了 19 条。为提升中国民航的服务水准，中国民航开始从北京的中学生中招收年轻女性担任空中乘务员。北京的各个中学像“过筛子一样”展开了推荐和选拔工作。

到了 1955 年末，经过层层选拔，16 名北京中学生和两位民航局的工作人员成为新中国的第一代空姐，被称为“空中十八姐妹”。“十八姐妹”的年龄大多在十八九岁，她们的政治条件优秀，社会关系合格，而且品学兼优。

此后，空乘人员数量不断增加，虽然遴选标准几经变化，但严格程度一如既往。中国空姐的着装，样式和色彩都很朴素。

1980 年，中国民航从空军分离出来，随之逐步走向市场化道路，空姐的制服也逐渐变得鲜艳和时尚。1988 年，中国国际航空公司正式成立，中国民航和中国空姐真正开始走上了国际化的道路。

1998 年洪水，是继 1931 年和 1954 年两次洪水后，20 世纪发生的又一次全流域型的特大洪水。图为湖北监利乌林青山长江大堤抢险现场，群众给抗洪官兵送水。（1998　邹毅）

“我不知道你是谁，我却知道你为了谁”

古语“有河患，无江患”在近现代发生了变化。清末民初，由于乱砍滥伐、围湖造田，长江上游森林的涵养水源能力和中下游蓄水分洪的能力锐减。1931 年的长江水患被称为“20 世纪中国最具毁灭性的水灾”，洪水足足 3 个月才完全退去。

1998 年夏季，我国江南、华南大部分地区及北方局部发生了特大洪水。和 1931 年一样，1998 年的长江洪水也是全流域型的大洪水。但是由于广大军民的奋勇抗洪抢险，又有水利工程发挥巨大作用，“98 特大洪灾”造成的损失得以大大减少，也诞生了“万众一心、众志成城，不怕困难、顽强拼搏，坚韧不拔、敢于胜利”的抗洪精神。1931 年洪灾中的死亡人数高达 14.5 万人，1998 年长江中下游五省死亡 1562 人，这其中的大多数人是在山洪和泥石流中遇难的。

围堰构筑、决口封堵、固基填塘……在没肩的洪流中，一位年轻战士将脸盆高高托举，盆里的婴儿扑闪着双眼……“人在堤在”的铮铮誓言回响在抗洪一线，“泥巴裹满裤腿，汗水湿透衣背”的抗洪官兵一次又一次顽强地战胜了洪峰。

2021 年 9 月，“抗洪精神”被纳入中国共产党人精神谱系。“抗洪”，同“井冈山”“长征”“抗战”“西柏坡”“抗美援朝”“两弹一星”“改革开放”“特区”等一道，汇聚激荡出当代中国澎湃的精神源流。

驳船运输合作社的驾驶员沈大新是个年轻姑娘，她戴着白手套的双手徐徐转动舵盘，船走得平稳而轻巧。（1962　郑光华）

劳保手套

“上班穿戴要求严，劳动防护走在前”

劳保手套有很多种：绝缘手套、耐酸碱手套、焊工手套、防振手套、耐火阻燃手套……这其中最常见、最通用、最百搭的就是线手套。

线手套不只有保护功能，它也是工作现场最重要的装备，是劳动仪式中最显眼的道具。并非所有的工作都需要挽起袖子开干，但大多数工作却需要工作者在谈笑间把线手套戴好，然后左右手的指缝彼此压实。这个仪式性的动作，横亘在闲暇和工作之间。还有另一个仪式性的动作，摘下安全帽夹在腋下，一边走一边将左手手套摘下一半，左手再将右手手套褪下一半，然后把手套随意地掖在裤子的后口袋里，露出几个空荡荡的指套，仿佛在向车床道别——爸爸回家了。

线手套用的棉纱线大多是18支以下的粗支纱。吸汗性、透气性都很好。勤俭的爸爸节省地使用线手套，攒够了一堆手套之后，再和工友要几副，统一交给妈妈。更勤俭的妈妈把线手套拆成线团，用钩针钩出一件雪白的小毛衣。穿上这件“劳保用品”，套中人被捧在手心。

吴碧兰和吴席南是亲姐妹，生长在四川的农村里，小学毕业后，她们一同在西南铁路工程局做电焊工。现在她俩又一起参加了古田溪水电站金属结构的焊接工作。（1954　杨荣敏）

辽宁大伙房水库建设工地现场，换班的工人在仔细交接工作。（1957　张韫磊）

刚进厂不久的汽车维修工迅速掌握了镗磨技术。（1965　茹遂初）

工人制服、蓝领衣钵

“男人东洋头，女人把书读（扫盲上夜校），干部四个兜，平民赶潮流”——即使在物质匮乏的年代，人们爱美的心思从未泯灭。

五六十年代期间，布料质量普遍提高，机织平板布、斜布、花达呢、双面咔和劳动布逐渐代替了民间土产的粗布。

劳动布又称坚固呢、牛仔布。其特点是用粗纯棉纱、棉维纱等织制。经纱染色、纬纱多为本白纱，因此织物正反异色，正面呈经纱颜色，反面主要呈纬纱颜色。由于经、纬纱采用较粗的双股线，布身厚实，强度大，耐摩擦，有弹性，穿着不贴身，结实耐用，服用性能尤为优良。

和知识分子穿中山装、军人穿绿军装一样，在工矿企业，人们穿劳动布制作的工作服，是工人身份和福利的象征。

为了好看，女工们会把布料放到开水里烫成浅蓝色。用烫过的布料做成衣服后，再把没有烫过的布料剪成方方正正的补丁，缝在裤子的易磨部位，既美观又耐穿。

北京第二实验小学，系着红领巾的少先队员们正在加工棋子盒。
（1966　于德英）

“小喜鹊造新房，小蜜蜂采蜜忙”

早在 1934 年，中国共产党就确立了教育要与生产劳动相结合的方针。1953 年，全国范围内高小、初中毕业生的升学或就业成为亟待解决的社会问题，劳动教育的重要性愈发凸显。1953 年 12 月 3 日，《人民日报》发表《组织高小毕业生参加农业劳动》的社论，提出“引导农村高小毕业生参加农业生产，乃是解决他们的出路问题的基本办法”。

在第二年召开的全国文化教育工作会议上，劳动教育成为重要的议题，并被赋予了思想教育、道德教育的意义。到 50 年代末，“教育与生产劳动相结合”得到加强，生产劳动被列入中小学课程，“勤工俭学”“半工半读”在全国范围内开展起来。

此后，劳动教育一度被窄化、误解成技术学习、人性改造甚至体罚手段等，被赋予了多重属性的劳动教育走上了歧途。

80 年代初，劳动教育的价值被定位于培养德智体全面发展的一代新人。1999 年，《关于深化教育改革全面推进素质教育的决定》对劳动教育做出了相关说明：“中小学要鼓励学生积极参加形式多样的课外实践活动，培养动手能力；高等学校要加强社会实践，组织学生参加科学研究、技术开发和推广活动以及社会服务活动。”

在数次观念畸变之后，人们终于意识到：劳动教育绝非单纯的技能培养，而是一种意识养成。“以劳树德、以劳增智、以劳强体、以劳育美、以劳创新”才是劳动教育的真义。

休息日，华北农业机械总厂的工友们按照个人的兴趣选择了自己的假日活动。图为爱好绘画的青年工人，来到劳动人民文化宫的画室里学习素描。（1952　蔡尚雄、吴寅伯、张吉年）

“还是这所庙，换了主人翁”

北平和平解放后，中华全国总工会即把成立工人俱乐部列为重要工作之一。在这一背景下，中共北京市委文委书记李伯钊建议，应当建立文化宫，作为全市职工群众文化活动的阵地。政务院批准把当时归属于故宫博物院的太庙拨给北京市政府。

筹备工作有条不紊地进行，1950 年 4 月 29 日午夜 12 点，白底红字的“北京市劳动人民文化宫”横匾挂到了太庙南门上方。4 月 30 日上午，文化宫举行了开幕式。

作家赵树理为此赋诗：“古来数谁大，皇帝老祖宗。如今数谁大，劳动众弟兄。世道一变化，根本不相同。还是这所庙，换了主人翁。”

北京市劳动人民文化宫揭牌之后，处于原意大利租界由墨索里尼家族经营的回力球赌博场被改为天津市工人文化宫；处于原商业中心地段跑马厅的东方饭店被改为上海市工人文化宫。

此后数年，作为“工人的学校和乐园”的工人俱乐部和文化宫建设在全国展开，并且形成了一个由省市区县四级工会组成的工人俱乐部体系。

不同于苏联工人文化宫源自 19 世纪工人运动历史中形成的“人民之家”，将封建王朝的皇宫内苑和殖民者的娱乐城改造为工人文化宫，新中国的空间再造改写了中国城市原有的社会权力关系和空间属性。

每逢假日，人们总喜欢聚在一块逛公园。尤其是夏日酷热难当，很多人会选择在湖面划船来避暑，泛舟湖面上，看着波光粼粼，并有徐徐微风吹来，的确让人心旷神怡。（1961　丁一）

“战斗的星期天”

辛亥革命后，“礼拜天”被定为7天1次的休假日。

尽管第一届政治协商会议上通过的《共同纲领》规定实行每周休息1天，但新中国的劳动者经常放弃休息，工作日里的加班加点也是常态。新中国成立初期颁布的《全国年节及纪念日放假办法》规定，除了每周休息1天之外，另有法定假日7天：元旦1天、春节3天、“五一”1天、“十一”2天。

即便礼拜天不参加单位组织的义务劳动，人们在周末能做的也主要是在家打扫卫生、修理家具、看望老人——“战斗的星期天，疲劳的星期一”，曾经是疲于奔命的双职工家庭的真实写照。

1994年3月1日，中国实施“大礼拜”和“小礼拜”公休。循环颠倒的大小礼拜，虽然让很多人在大礼拜的星期六白起了大早去上班，但也确实让人们有了“度周末”的意识，很多人生平第一次真正意义上的旅游就是趁着大礼拜的2天假期完成的。

1995年5月1日，为保障公民的休息权，5天工作制全国范围内正式实行。双休制的推出，是中国一项重要的职工福利的改革。

“休闲是一种成为人的过程”——从无法休闲、不会休闲到每周休息2天，新工时制使人们自由支配的闲暇时间增多，同时也促进了第三产业的发展。

重庆市郊的南温泉疗养所犹如一颗璀璨的明珠，镶嵌在山城的著名风景区。工人们来此接受每半月一期的疗养。（1953　刘有声）

“咱们的脸上发红光，咱们的汗水往下淌”

新中国成立以前，官办或私人经营的疗养院多设在大城市和沿海地区，进出者多为特权阶级。解放区在极端困难的情况下，仍然创办了疗养机构以保障革命军人、职工和学生的健康，如在延安设立的学生疗养院等。新中国成立前夕，东北总工会在东北解放区创办了我国第一批工人疗养院和业余疗养所。

1951 年，正式公布的《劳动保险条例》中，明确定义了集体劳动保险事业（包括疗养院、休养所等项目）。多处疗养院、休养所陆续在全国各地建设起来。

为了加强对疗养事业的领导，卫生部于 1953 年在医疗预防司设置了疗养管理处，中华全国总工会成立了集体劳动保险事业处。

1955 年，卫生部和中华全国总工会聘请苏联疗养学专家来我国担任疗养事业顾问。1957 年春，卫生部和全国总工会在北京全总干部学校举办了全国疗养干部进修班，请国内专家教授和苏联专家讲授疗养学，全国各系统所属的较大疗养院的院长和技术骨干参加学习，为我国疗养事业培养了基本力量。

根据地理特点，全国范围内建成了各种类型的疗养区：海滨气候疗养区有北戴河、青岛、大连、厦门等处；山地气候疗养区有庐山、黄山、莫干山等处；矿泉疗养

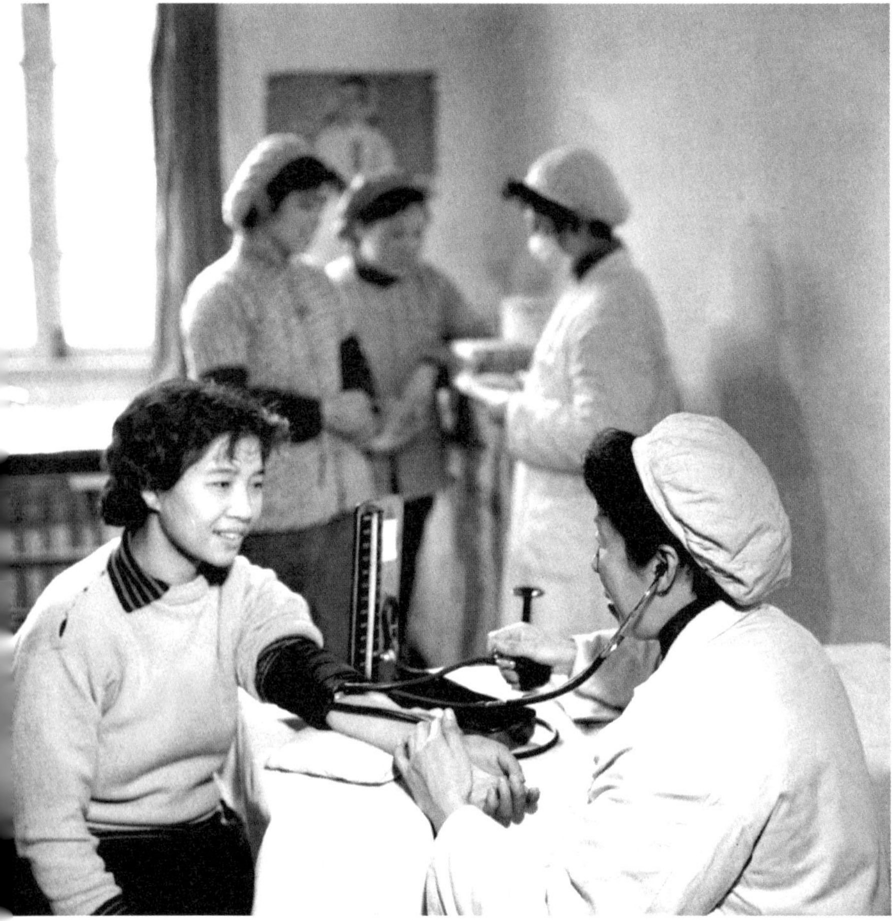

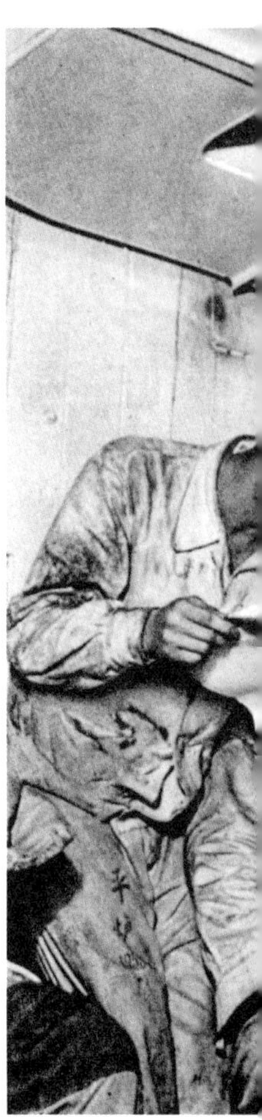

左图

很多车间都有工人兼任的卫生员，协助医务人员进行医疗保健工作。（1964　宋学广、王德）

右图

上海第一钢厂平炉车间设立了冷气休息室，炼钢工人得到充分的休息。（1962　《人民画报》编辑部）

区有汤岗子、小汤山、临潼、从化、重庆南温泉、南京汤峪、黑龙江五大连池等；矿泉与气候兼备的疗养区有兴城、威海等处；湖滨疗养区则有无锡太湖、杭州西湖、武汉东湖、牡丹江镜泊湖等。

到1994年年底，全国有疗养院(所)587个，床位11.7893万张。此后，个人、家庭旅行成为新的生活方式，随着康养类景区的大规模开发，疗养一词有了新的含义。

广大群众喜爱的通俗读物新连环画，新中国成立后在上海出版的已逾700种。图为上海连联书店门市部，每天都有大量的读者挤在这里购买他们喜爱的新内容的连环画。（1951　吴宝基、刘有声）

“在马路边捡到一分钱”

在文化程度普遍低下、文化传播形式极其单调的20世纪上半叶，“小人书”的读者群体非常庞大。

“小人书”一般指连环画，是一种图文结合或仅有图画的故事书。上海是连环画出版的发源地，1949年前，约有70家旧连环画出版商。据1950年12月不完全统计，上海本埠前后出版的连环画约有3万种，发行量超过3000万册，在出租书摊上经常流转的就有1万多种。

上海堪称连环画创作、出版、发行的大本营。上海连环图画出版业联合书店（简称“上海连联书店”）为方便里弄读者而设置了巡回车，提供流动出借书籍服务。

1954年，上海连联书店和儿童读物联合书店、通俗出版业联合书店（简称“通联书店”）合并改组为公私合营的上海图书发行公司。上海的连环画因此在全国风行。

小人书很好看，小人儿们很纠结！在马路边捡到的一分钱，是交给警察叔叔，还是去租一本连环画？如果租连环画，趁店家不注意，可以偷偷和别的小朋友交换着看，里外里等于看了两本！

山东省淄博市张店区街头，多位国有企业职工在 8 小时之外走上街头从事餐饮业。（1992　于文国）*

“星期日工程师”

改革开放政策实施以后，越来越多的人开始从事第二职业，即在本职工作之外，从事另外一种赚钱的职业（创业、劳务、中介等）。

第二职业的兴起并非一帆风顺。1980 年，上海橡胶研究所助理工程师韩琨利用业余时间担任了一家社队企业的顾问，他试制成功的密封圈使濒临倒闭的橡胶厂重获新生（此后 3 年，创下 72 万元产值）。为表彰韩琨的贡献，公社和工厂发放给他 1200 元奖金。

在“打击经济领域犯罪活动”中，开“星期日工程师”之先的韩琨以受贿罪被公诉。1982 年底，《光明日报》率先报道此事。1983 年元旦后，《光明日报》又在头版头条发表法学家徐盼秋的文章——《要划清是非功罪的界限》，韩琨的辩护律师郭学诚写就的《法律应保护有贡献的知识分子》一文也被刊登。这两篇文章引起了大规模的社会热议。中央政法委随即召开会议专门讨论“韩琨事件”，并作出决定：韩琨的行为不构成犯罪。

第二职业的出现表明了自由市场调节机制开始发挥效用，劳动力资源获得了全新的分配方式，从业者增加了个人收入，社会整体服务水平也得到了提高。它促进了专业技能和市场的结合，“卖茶叶蛋”和“造导弹”的“脑体倒挂”矛盾有了一定程度的缓解，“干一行、爱一行”的传统职业伦理获得了全新的诠释。

贵州省贵阳市街头，市民排队领取当月由政府按计划分配的最后一个月的“肉票”。（1988　于文国）*

“四两粮票两毛钱，吃罢饭后就结账”

1953 年，政府决定实行粮食统购统销政策。1955 年，随着《市镇粮食定量供应凭证印制暂行办法》的发布，各种粮食票证问世。到 1961 年，市场上凭票供应的商品，达到了 156 种，有烟票、酒票、火柴票等，不一而足。

在票证之外，又有各种购货本（副食本、煤炭本等）和工业券。大件、贵重的商品，又有自行车票、缝纫机票、手表票等。

1984 年，在经过两年多的物价体制改革试验后，深圳市在全国率先取消一切票证，粮食、猪肉、棉布、食油等商品敞开供应，价格放开。

1985 年，农产品统购派购制度被取消，人们的“米袋子”“菜篮子”日益丰富。1992 年 10 月，党的十四大确立了我国经济体制改革的目标是建立社会主义市场经济体制之后，全国各地先后放开粮食及其他产品价格，实行购销同价，促进粮食产销与市场接轨。到 1993 年，粮油实现敞开供应，长达 40 年的“票证经济”就此落幕。

绿皮火车上，为了解决旅客旅途中疲劳乏味的情绪，列车员们热情地为旅客演播小节目。（1978　李春生）

“来，把腿收收”

在告别北京的诗人食指心里，它“尖厉的汽笛长鸣”让车站内外的高大建筑“剧烈地抖动”；在“骑乘铁公鸡，搭火车横越中国”的旅行家保罗·索鲁眼中，“它是这个国家的一部分”；在“铁路摄影师”王福春的镜头里，它是生气淋漓、局促而庄严的旅途现场；在音乐人周云蓬笔下，它是“安忍如大地”的存在——

绿皮车，也称老绿皮，主要指中国第二代主型铁路列车即 22 型（列车的车体长度为 22 米左右）客车。

早在 1953 年，第一批国产 21 型列车的涂装就采用了绿底。22 型客车的设计和试制则始于 1956 年，它的车身配色仿照了黄绿搭配的苏联列车风格。绿色车体不只有战备伪装效用，也能给乘客以安定、顺遂的出行感受。

绿皮车的车窗选用了双扇单层玻璃，可向上开启，隔音和密封效果一般。绝大部分的 22 型客车都不安装空调，冬季以锅炉取暖，夏季主要靠风扇或开窗降温。可以开合的车窗，让站台上的商贩有了向内兜售的可能，也让憋尿的小朋友多了向外喷洒的机会。从南到北，从冬到夏，绿皮火车时而是“冰箱”，时而是“桑拿房”。人头攒动、鸡飞狗跳，它是移动的气味和声音博物馆。

作为大多数人出远门的唯一交通工具，它笨重而缓慢，有粗砺的机械美学，也是淳朴的工业奇观。绿皮车是双向度的，它意味着出发或抵达，奔赴或回返，逃离或乡愁。

绿皮车于1994年停产。很快，橘红色的25型客车登场。此后，更快、更大、更舒适的蓝色、白色特快列车出现，铁轨上的一抹绿色渐行渐远。

m

青年妇女赵金亭，从前一个字也不认识，参加民校3年后，她当上了教员。图为她正在翻看参考书、备课。（1951　蔡尚雄）

“教人识字是一项光荣的义务”

河北省定县翟城村从战国时期一直延续至今，更是近代中国村民民主自治第一村。这里创立了中国最早的村级女子学校，也是中国最早的农民合作社“因利协社”的所在地。

经过1947年的土地改革，翟城村的社员们在政治、经济上得以翻身。1948年，民校成立。1950年，村图书馆建成。每天只要一开门，借书、看报的村民立刻挤满了屋子。晚上的灯光一亮，这里就成了全村的学习中心。村里还成立了5个街头读报组，订阅了《人民日报》《工人日报》等，组员们利用午休时间向社员们讲解时事。

1951年，民校有学员430人。农闲时，妇女们吃完午饭就去上课，晚上则是青壮年的读书时间。农忙时，大家一面生产、一面学习。254位社员已经脱盲，他们不仅识了字，还能看信、看文件。全村80%的学龄儿童都背起了书包，他们不仅在课内课外学习，也负责在村里制作黑板报和其他宣传工作。

翟城村还组织了小型剧团。43名团员根据报刊上的报道，结合本村的情况，自编自演了“好军属”“光荣榜”“一个女儿的亲事”等剧目。

从魏晋时期的丁零翟鼠故城开始，一代代村民将翟城写入历史。到了50年代，小村庄里传出了妇女、儿童们的琅琅书声。

大年初一，上海第二毛纺厂的厂区，因买不到火车票而滞留上海的安徽省金寨县的打工妹高唱流行歌曲《潇洒走一回》。（1993　于文国）*

“看到一片光明和飞扬的土”

为了优先保障工业发展和城市就业，计划经济时代的城乡二元结构曾对进城农村劳动力有过严格限制。60 年代，部分省市试行了“亦工亦农制”，吸纳了一批农村剩余劳动力进城务工。他们不转户粮关系，既是农民，也是工人，是“农民工”的雏形。到 1979 年前，“亦工亦农”身份的农村劳动力数量约有 200 万人。

改革开放后，从“离土不离乡，就地进工厂”到“离土又离乡，进城进工厂”，中国农业富余劳动力经历了两次释放热潮。1989 年初春，多地农民走出家门，“沿着一条城市到乡村的路，看到一片光明和飞扬的土”——令人瞩目的“民工潮”出现。数据显示，1989 年，农民工人数已飙升至 3000 万。

到 90 年代，在市场经济条件下成长起来的第二代农民工，和他们肩扛蛇皮袋的先辈不同，他们的需求已从“生存型”向“生活型”转变。此后十数年，农民工由自发流动向有序流动过渡，各地政府也对进城务工者开展培训、疏导等服务，通过就业证卡对农民工跨地区流动实行管理，农民工就业证和暂住证制度陆续实施。国家还为这一硕大的群体保留了地权，确保农民工可进城、能还乡。

“农民工”一词最先见于中国社会科学院《社会学通讯》（1984），此后，这个背反修辞的语汇，推动了中国的城市化进程，成为“中国制造”奇迹背后的不绝动力。

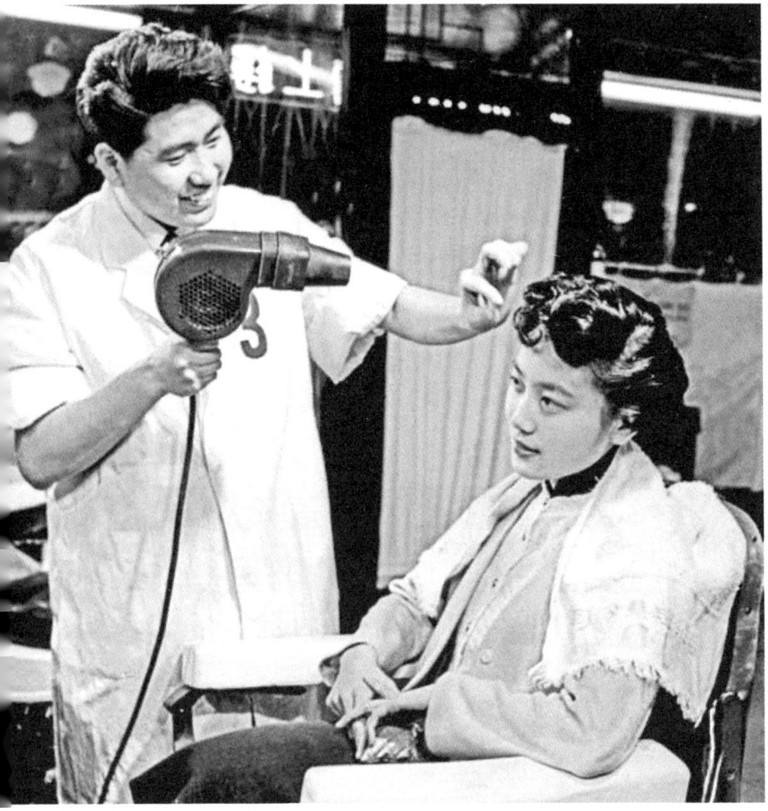

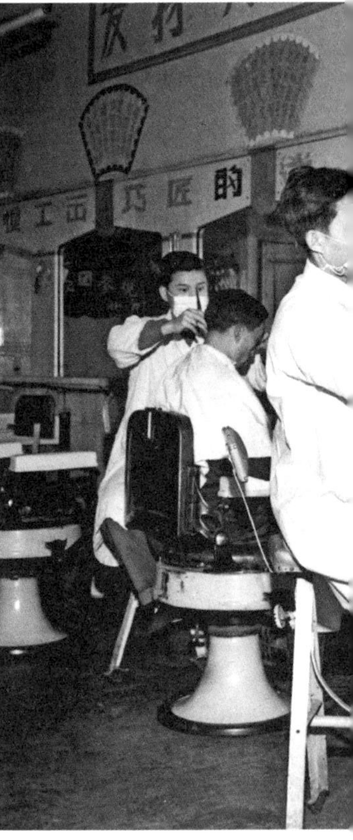

左图

百乐理发店建立于 1933 年，是上海长宁区一家著名的老店。这里的理发师技术高超，受到了女士们的欢迎，尤其是周末、假日，要排队等候。理发是一种艺术，这是上海百乐理发店理发师黄家宝的信条。不论走路、读书、看电影，他从不放过任何一个探寻新发式的机会。（1956　李曙）

右图

新中国成立后，天津理发业发展很快。特别是 1958 年转为国营后，理发业职工不断地进行技术革新。寿山理发店职工创造了围绕顾客转动的“卫星椅”，让理发师可以坐下来工作了。（1958　吴寅伯）

“黄脸婆时代结束”

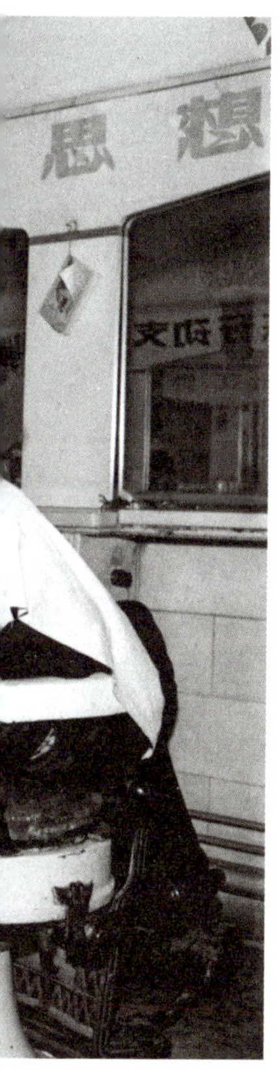

1983年，“露美美容院”在上海淮海路马当路口开张。“露美美容院”曾与上海证交所、和平饭店老年爵士乐队并称为上海改革开放的三个标志。

开业当天，顾客们在美容院门口排起了长队。日本、美国、瑞士、法国、荷兰、联邦德国等一些国家和中国港澳地区的记者前来报道，“爱穿蓝布衣的中国妇女，现在竟然排队做美容！”“上海女人的黄脸婆时代即将结束！”

做一次全套美容要20多元，简易美容8元。尽管这在当时的中国已经属于“高消费”，却仍引来很多外省的顾客，甚至有新婚夫妇把来这里美容当作蜜月旅行中的项目。1985年，露美美容院的营业额与利润比1984年增长了近5倍。到1988年，露美就在全国开设了8家连锁店，自有品牌的化妆品也成为市面上的抢手货。

在中国人民革命斗争的历史画卷中，民兵组织是一支重要的武装力量。在我国东南沿海，女民兵统一是头戴沿海特有的竹斗笠，身穿渔家服饰，手握钢枪在海边巡逻。（1964　吴寅伯）

"飒爽英姿五尺枪"

早在1927年，第一支人民军队中就曾活跃着一支女兵队伍。红色娘子军、妇女独立师、妇女抗日先锋团、八女投江、女生大队、第二野战军女子大学——中国女兵在民族独立和解放的进程中立下了赫赫战功。

新中国成立后，中国女兵的表现同样优异——1950年9月，有10名女战士出席了全国战斗英雄代表大会；活跃在抗美援朝战场上的中国女军人，有80%的人立了功；对越自卫反击战中，同样活跃着女兵的身影……中国女兵创造了新中国国防史上的多个第一。50年代初，数十名湘妹子成为中国人民解放军行列中"空前绝后"的一代女高射炮兵；1951年，14名新中国第一批女飞行员驾机在蓝天翱翔；1952年，34名女战士成为中华人民共和国第一代女坦克手；1954年，4万多名女兵投身军垦；1955年，童养媳出身的红军女战士李贞晋升为新中国第一位女将军……

从白短袖衫、蓝长裤子、白球鞋（1958），到戴安全帽（柳条帽）、着工装（1959），再到筒裙、长筒靴（1984），被称作"最美天团"的国庆阅兵女兵方队及其代表的中国女军人，不仅为军营增添了一抹柔美的颜色，更以飒爽的身姿在不同岗位为国防奉献着力量。

中国空军女飞行员伍竹迪是新中国第一批女飞行员，多次圆满完成飞行任务。（1962　张修身、张韫磊）

“细妹子不简单，飞得好高啊！”

1949年10月1日下午4时35分，开国大典阅兵式空中分列式开始，17架飞机飞越天安门广场。“飞机不够，那就飞两遍”的故事发生时，全国妇联的两位主席也正在天安门城楼上观礼，邓颖超对同座的蔡畅说：“希望有一天，有女飞行员驾驶着飞机飞越天安门。”

1951年11月，从华东军政大学、航空预科总队挑选出来的55名女战士从牡丹江第七航空学校毕业，其中14名成为新中国第一批女飞行员。

1952年3月8日，新中国第一批女飞行员的起飞典礼在北京西郊机场举行。女飞行员们驾驶6架里-2型飞机通过天安门上空，接受了党和人民的检阅。从此，华夏的天空中出现了女性的身影，“离地三尺，不分男女”。

1964年，在中国第一颗原子弹爆炸后半小时，第二批女飞行员中的于富兰和战友们驾驶着飞机两次穿过蘑菇云，完成了空中取样任务，成为世界上第一个穿过蘑菇云的机组。

第三批、第四批……新中国的一批批女飞行员飞上蓝天，圆满地完成了空运、空投、抢险救灾、人工降雨、航空测量、科研试飞和专机运载等任务。先后有多位女飞行员当选全国人大代表，出席全军英模会和全军妇女“双先”表彰大会，有的还被授予“空军功勋飞行人员金质荣誉奖章”。

左图

加入各类体育组织的村民们经常比赛，篮板下，几位选手为争夺篮板球虎视眈眈。

（1952 《人民画报》编辑部）

右图

河南林县农村的妇女热爱体育运动，排球队经常自发聚起来训练。

（1952 《人民画报》编辑部）

农村体育

马桥人民公社俞塘大队的年轻社员充满生机活力，他们已经是业余自行车运动员了。（1962　郑光华）

“白天千军万马，晚上灯笼火把”

新中国成立初期的群众性体育活动，从厂矿和机关逐步扩展到农村。

1952 年 11 月，国家体育运动委员会成立，形式多样的农村体育在各地开展起来。首届“全国农村体育工作会议”在 1956 年召开，会议明确提出了“体育为民服务”的全新的农村体育思想，强调农村体育的开展必须依靠青年团、妇联和民兵等青年组织，并在发展生产的基础上，坚持业余、自愿和简便易行的原则。

六七十年代，在疲于奔命的中国农村，体育活动成为不合时宜的“奢侈”。

进入 80 年代，《少林寺》的热播在全国范围内产生了巨大影响，曾被列为“四旧”的传统和民俗体育在农村获得了新生。随着《农村人民公社工作条例（试行草案）》的施行，各种农民体育比赛在 80 年代进入了黄金时期。全国农民体育协会成立（1986）之后，全国各地逐渐组建了属于农民自己的体育组织，农村体育网络化、社会化程度大幅提高。1988 年，第一届全国农民运动会在北京举行。

在 90 年代开展“亿万农民健身活动”和“全民健身工程”之后，“要脱贫先脱病，身体健康才能奔小康”的理念在农村传播开来。

农村体育的开展，保证了亿万农民的身心健康，丰富了农村生活，也为竞技体育发现了大批人才。

上海柴油机厂的流水线上，工人正在娴熟地装配着 80 马力的柴油机。（1963　王复遵）

中国动力中国产

从制造第一台煤气机开始到新中国成立前夕，内燃机工业不温不火地度过了40余年的历史。到1949年，中国的内燃机工业只以修配进口机器为主，零星地测绘、仿制一些国外的简单产品。

1952年9月，第一机械工业部成立，在部内设第四机器工业管理局，负责管理全国动力机械（汽轮机、锅炉、内燃机等）。我国从苏联引进了一系列汽油机和柴油机的制造技术，兴建了第一汽车制造厂发动机车间、山西柴油机厂等大型企业。另有一批地方管理企业，如柳州机器厂、常州柴油机厂等，也进行了技术改造。这些企业与第四机器工业管理局直属的10家内燃机专业厂，形成了我国内燃机工业的第一批骨干企业。

1958年，新中国第一台内燃电动机车在北京长辛店机车厂试制成功，从此结束了我国不能自行制造内燃机车的历史。至此，中国内燃机工业已初具规模，为内燃机工业的发展奠定了初步基础。

60年代之后，内燃机工业悄然发展，从主配附件到主机，从产品质量、工艺技术到管理水平，逐步形成了完整的工业体系。

不只是交通运输，农业灌溉、畜牧捕捞等产业的效率都与内燃机息息相关。国产内燃机的出现让机械逐渐替代了人力，让成长中的中国逐渐摆脱了手挽肩扛的原始劳作方式。

水电站修建后，浙江金华县双龙公社基本实现了户户通电。夜晚，电灯把山村照得明亮。在社员罗顺妹的家里，大家正在灯下做着各自的事情。（1960　任诗吟）

“楼上楼下，电灯电话”

从 30 年代开始，中国的个别大城市郊区和极少数县份开始使用电照明和电力提灌。新中国成立前，农民的平均年用电量仅为 0.05 度，微弱如豆的灯光摇曳在亿万农户不明的夜晚。新中国成立后，电力工业作为国民经济的先行工业和基础产业得以优先发展。

50 年代，我国提出建设新农村的口号，当时的农民用“楼上楼下，电灯电话；耕地不用牛，点灯不用油；饭前葡萄酒，饭后水果糖”来描绘新农村的图景。到 50 年代末，“大电力系统为主，大电力系统和小型电站并举向农村供电”的方针开始实行，农村电力网和小水电站以惊人的速度陆续建立起来。

到 1978 年，全国仍有 40%的农民过着“耕地靠牛、照明靠油、用水靠挑、碾米靠推”的无电生活。

1979 年，全国农村电网整改会议召开，开始第一次大规模改造农村电网。

进入 90 年代，“电力扶贫共富工程”付诸实施，辛勤的电力工作者翻山越岭，把脱贫致富的希望之光引入农村。随着“两改一同价”的推行，城乡用电同网同价得以实现。

农村用电的历史折射了广大农民生活方式的变迁，遍布乡间的农电网络交织出城乡经济一体化的发展脉络。

南京长江大桥修建期间，技术难度之高、工作环境之险、劳动强度之大，令人难以想象，但建桥工人们发挥了不屈不挠、自立自强的精神，为中国人争了气。（1968　郑光华）

“巍巍钟山迎朝阳，万里长江添新装”

南京长江大桥是新中国第一座依靠自己的力量设计和建造而成的双层式铁路、公路两用桥。它的建成，成为沟通南北的交通大动脉，标志着我国的桥梁建设达到世界先进水平；它的建成，开创了中国“自力更生”建设大型桥梁的新纪元，被看作“自力更生的典范”和“社会主义建设的伟大成就”，被称为“争气桥”。

二三十年代，曾有多位外国桥梁专家断言，“在南京建桥是不可能完成的”。1960 年，由于向苏联订购钢梁被拒，中国决定使用国产钢材。1963 年，鞍钢集团有限公司成功研制出符合要求的“16 锰”桥梁钢。

大桥建设工程所经历的波折层出不穷，在克服了“三年困难时期”之后，大桥又面临着沉井倾覆、桥址报废的巨大危险。建桥工人在洪水中冒着生命危险，连续抢险近两个月，最终使大桥转危为安。

1968 年 9 月 30 日，南京长江大桥铁路桥先行通车，一列火车拉着 7 节车厢从江岸南边开往浦口区。5 万多人集结在大桥上，桥下的路上、树上都站满了欢呼的人。同年 12 月 28 日，南京长江大桥公路桥也胜利通车，南京城里万人空巷，庆祝时挤掉的鞋子就装了两卡车。

南京长江大桥不仅是新中国技术成就与现代化的象征，更承载了中国几代人的特殊情感与记忆。

经过卫星观测定位，确定了长城站精确坐标。（1985　孙志江）

不到“长城”非好汉

80 年代初，全球已有 18 个国家在南极洲建立了 40 多个科考基地。

1983 年 6 月，中国加入了《南极条约》。《南极条约》分为协商国和缔约国——后者在南极国际事务中只有发言权，没有表决权和决策权。由于尚未在南极建立科考站，中国被归入了缔约国，是联合国安理会常任理事国中唯一没有决策权的国家。1984 年 2 月，王富葆、孙鸿烈等 32 位科学家，以“向南极进军”为题，建议中国在南极洲建立科考站。

1984 年 11 月 20 日，由 591 人组成的我国第一支南极考察队从上海启程，开始了历史性的远航。出发前，南极考察队的所有成员都签下了“生死状”，队长郭琨的“生死状”上赫然写着：“春暖花开的时候再见。”

40 天后，他们将五星红旗插在了南极大陆上。

1984 年 12 月 31 日，科考站的奠基仪式在乔治王岛上举行。短短两个半月之后，我国第一个南极科考站——长城站，在南极洲乔治王岛菲尔德斯半岛南部竣工。

1985 年 10 月，长城站落成不到 8 个月，第十三届《南极条约》协商国会议召开，中国正式成为《南极条约》协商国，从此在国际南极事务中获得了表决权。

此后数年，中山站（1989 年建成）、昆仑站（2009 年建成）、泰山站（2014 年建成）、罗斯海新站（暂未建成）的五星红旗先后在这片世界尽头的冷酷仙境里猎猎飘扬。

大胖小子骑鲤鱼，这叫年年有余，图的是个吉利。这个表演项目表达出农家希望岁岁风调雨顺的美好愿望。农民运动会既是体育比赛又是地道的文艺表演。（1988　徐讯、谢恩华）

“隆重、热烈、精彩、圆满”

中国运动员在第十届亚运会（1986，汉城）上夺得了 94 块金牌，其中 24 块由来自农村的运动员获得。1986 年 9 月，中国农民体育协会成立并确定每四年举办一届全国农民运动会（以下简称农运会）。举办农运会，既可以检验农村体育的发展成果，展现新时期农民的精神面貌，也可以为第十一届亚运会选拔选手，为这项我国首次举办的综合性国际体育大赛作出预演。

农运会是仅次于全运会的大型运动会，是五大国家级综合性体育赛事之一。我国也是迄今在世界上唯一定期举办农运会的国家。

首届农运会于 1988 年 10 月在北京隆重举行。来自北京、陕西、山西的农民表演了大型民间花会《金龙腾飞》，憨态可掬的吉祥物“丰丰”一露面就收获了满场欢呼。第一届农运会共设乒乓球、篮球、足球、自行车、田径、射击、中国式摔跤七个比赛项目和武术、蒙古式摔跤两个表演项目。

此后的历届农运会先后在湖北孝感、上海、四川绵阳等地举办，龙舟、舞龙舞狮、民兵军事三项、自行车载重等都曾是农运会的特色比赛项目。

农运会推动了农村体育的发展，是新农村建设的成果展示。“淡化金牌、淡化锦标、重在参与、重在健身”的办赛理念让农运会成为中国体育的一个创举。

9

工人、店员、解放军、学生参加游园联欢，愉快地跳起集体舞，共庆五四青年节。
（1952 《人民画报》编辑部）

“小伙子二十刚呀刚出头”

1939 年，为纪念五四运动 20 周年，陕甘宁边区西北青年救国联合会规定 5 月 4 日为中国青年节（五四青年节）。1949 年，中华人民共和国政务院正式宣布 5 月 4 日为中国青年节，14 至 28 周岁的青年可放假半天。

“把青春献给祖国”“一切为了社会主义”“党指向哪里就奔向哪里”“到最艰苦最需要的地方”——在建设新中国的热潮中，广大青年积极开展“增产节约”、“技术革新”、“青年班、组、队、岗、手”、“学、比、赶、帮”劳动竞赛、“建设社会主义新农村”、“向科学进军”等活动，为新中国建设发挥了重要作用。

“走在时间前面”的王崇伦，钻头技术革新的倪志福，“不让一个伙伴掉队”的赵梦桃，全国第一支青年突击队队长胡耀林，“把一切献给党”的吴运铎……在“世界是你们的，也是我们的，但是归根结底是你们的”的激励下，新中国诞生了无数优秀青年典型。

黄继光、邱少云、罗盛教、雷锋等青年成为一代又一代人的学习榜样。广阔天地里的苦难及其磨炼，让徐建春、邢燕子、侯隽、董加耕等都成为万千青年的“偶像”。各条战线上的无数才俊展现出“青年是整个社会力量中最积极、最有生气的力量”。

“清澈的爱，只为中国！”

假日清晨，华北农业机械总厂的青年工人集体乘着大汽车外出游玩。
（1952　蔡尚雄、吴寅伯、张吉年）

假日午后，华北农业机械总厂的青年工人一起去颐和园游玩，享受自由自在的时光。
（1952　《人民画报》编辑部）

广州部队的马莉莉同志（右），在第三届全军运动会上以出色的成绩打破了女子手榴弹项目的全国纪录，她正在与其他运动员交流投掷经验。（1975　金耀文）

“体育就是战斗力”

1952 年 8 月，中国人民解放军第一届体育运动大会在京举行，这是自中国人民解放军建军以来规模最大的一次全军体育盛会。在 1800 多名解放军运动员中，不仅有战士和中下级干部，还有师以上高级干部，如军事学院拔河代表队中就有 6 位是屡立战功的老红军。运动会共进行了军事（包括通过障碍、投掷手榴弹、500 米全副武装越野跑等）、田径、体操、举重、球类等 44 个项目的竞赛和航空、水上、马术、摩托车、团体操等 42 个项目的表演。

第二届全军运动会于 1959 年 5 月举行，来自 16 个单位的 745 名运动员参加了各项目的比赛。除设有全国运动会规定的全部项目外，此次运动会还增设了武装泅渡接力和军事实用项目比赛。在 1975 年、1979 年先后举办了第三届、第四届全军运动会后，中央军委决定，由于战略方向的调整，全军运动会停办，在国家体育整体改革的推动下，把主要精力转向参加全国运动会和世界军人运动会。

全军运动会不仅创造了一批全国纪录，还将“体育就是战斗力”的理念在部队中传承开来，为中国体育储备了大量人才。解放军运动员一直是竞技体育领域的主力军和重要参与者，他们在领奖台上向冉冉升起的国旗敬军礼的画面，鼓舞了一代又一代坚毅、果敢的中国人。

在青海筑路工地上，一位记录员正在向司机了解运输情况。（1954　吴寅伯）

“旅人等在那里，虔诚仰望着云开”

1953年，为救济藏族人民群众、解决部队吃粮问题，全国各地筹集了200万斤粮食，2.8万峰骆驼与1000多名牵驼民工迅速集结在千里风雪运输线上。第二年春天，运输队到达拉萨时，已有4000峰骆驼死在运粮路上。

艰难的路况让中共西藏工委组织部部长兼运输总队政治委员慕生忠痛下决心——修一条从青海进藏的公路。

1954年5月11日，慕生忠带领19名干部、1200多人组成的筑路队来到格尔木河畔，每人配备一把铁锹、一把十字镐……仅用了79天就施工300公里，把公路修到了可可西里。在获得了国家拨发的200万元经费、100辆卡车之后，新增了1000名工兵的筑路队继续向拉萨进发。

2000多名筑路英雄用了7个月零4天的时间，打通了25座雪山，修筑了1283公里的青藏公路，创造了新中国公路建设史上的奇迹。

1954年12月，青藏公路和康藏公路（后改名为川藏公路）双双通车，共有3000多名烈士为之献出了宝贵的生命。进藏公路不仅是具有重大政治、经济、国防价值的运输生命线，也磨砺淬炼出“一不怕苦、二不怕死，顽强拼搏、甘当路石，军民一家、民族团结”的“两路精神”。

青藏公路的建成，使得西藏人民摆脱了人背畜驮的落后运输方式。

1994年10月19日，慕生忠在兰州病逝。根据他“让青藏公路上隆隆的车声伴随着我长眠”的遗愿，将他的骨灰撒在了昆仑山上、沱沱河畔，与牺牲的战友们一起守护着这条他们挥洒了汗水、血水与泪水的“生命线”。

黑龙江哈尔滨的冬季多雪寒冷，滑冰运动是这个季节的最佳娱乐方式。（1956　宋学广）

“发展体育运动，增强人民体质”

新中国成立后，大众体育运动受到党和政府重视并全面开展起来。“发展体育运动，增强人民体质”，为新中国的体育事业指明了前进方向。

50 年代，“准备劳动与卫国体育制度”、体育锻炼标准的实施，掀起了新中国第一个群众体育热潮。在学校、工厂、街道和农村的场院里，到处回响着广播体操的旋律，活跃着体育锻炼者的身影。

改革开放以后，我国群众体育进入了一个全面、规范发展的新阶段。1995 年 6 月，国务院颁布实施了《全民健身计划纲要》。从此开始，“全民健身”成为新的社会流行语，“请人吃饭不如请人流汗”的观念得到广泛认同。

在黑龙江哈尔滨，刚成婚的新娘子大都喜欢穿红丝绒旗袍以展示其迷人的风采。
（1985　张修身、邓永庆）

“期待一阵春风，你就刚刚好经过”

旗袍能完美地展现中国女性的典雅气质和庄重韵味。它对女性曲线美的含蓄表现，让它拥有了时装设计中难得的“高贵的单纯”。

50 年代之后，受西方裙装的影响，这一时期的旗袍设计和制作开始转向立体裁剪。电影《花样年华》中各式各样的旗袍正是这一时期的产物。

改革开放之后，旗袍在影视剧、时装表演和选美活动中频频出现，爱美的中国女性重新“发现”了旗袍。在节日和其他庆典场合，越来越多的人开始穿着旗袍。

1983 年，在《时装》杂志社和日本《时苑》杂志社联合举办的首届“中国时装文化奖”设计比赛中，获得一等奖的正是一款“海水江牙纹”旗袍。它运用了清式旗袍宽松平直的廓形，使用白色丝质面料，辅以深蓝色天鹅绒饰边，并对海水江牙的纹样进行了简化和抽象化处理。这件作品得以获奖，表达了中国服装界对民族服饰复兴的渴望。受旗袍启发，众多西方设计师也在作品中加入了旗袍的设计理念。

旗袍追随着时代，承载着文明，显露着修养，体现着美德，演化为天地间一道绚丽的彩虹。旗袍在中国的重新出现与流行，不仅意味着中国女性的身体觉醒，也一针一线地印证了“只有民族的，才是世界的”。

1955 年 2 月 21 日，国务院发布命令，决定由中国人民银行自 1955 年 3 月 1 日起发行第二套人民币，并收回第一套人民币。图为北京市民正在中国人民银行兑换新币。（1955　李兰英）

“好看、好认、好算、好使”

第一套人民币的面额较大（最大为 50000 元），在流通和计算时以万元为单位，不利于商品流通和经济发展，给人民生活带来了很大不便。另外，由于受当时物质条件和技术条件的限制，第一套人民币的纸张质量较差，券别种类繁多（62 种），文字说明单一，票面破损较严重。

1955 年 3 月 1 日，公布发行的第二套人民币共有 11 种面额。面额最小的是 1 分，最大的是 10 元。其中的“大黑拾”“绿叁元”“红伍元”被称为“苏三币”；其中的 3 元纸币，之后再也没有发行过。自 1957 年 12 月 1 日起，又发行了 1 分、2 分、5 分的硬币。

第二套人民币的主景图案内容体现了新中国社会主义建设的风貌；钞票样式打破了原有的固定的四边框形式，采用了左右花纹对称的新规格；票面尺幅按面额大小分档次递增；整个图案、花边、花纹线条鲜明，精密、美观、活泼，具有民族风格。在印制工艺上除了分币外，其他券别全部采用胶凹套印，其中角币为正面单凹印刷；1 元、2 元、3 元和 5 元纸币采用正背面双凹印刷，10 元纸币还采用了当时先进的接线印刷技术。人民币的凹印版是以中国传统的手工雕刻方法制作的，具有独特的民族风格，其优点是版纹深、墨层厚，有较好的反假防伪功能。

第二套人民币发行后得到了人民群众的欢迎，称赞这套人民币好看、好认、好算、好使。实践证明，第二套人民币成为新中国第一套完整、精致的货币，对健全中国货币制度、促进社会主义经济建设发挥了重要作用。

北京西旧帘子胡同一所四合院内，普查员到居民家里进行人口登记。（1982　李春生）

“米袋子，菜篮子，关键摸清几口子”

人口普查是一项重大的国情国力调查，人口数据的变化直接记录了中国日益富强的全过程。

新中国成立以后，我国分别在1953年、1964年、1982年、1990年、2000年、2010年和2020年进行了七次全国性人口普查。

第一次人口普查采用的方式是由户主到登记站登记，只登记姓名、性别、年龄、民族4个内容。与新中国成立之初的“四万万同胞”相比，1953年的总人口数超6亿。

1964年，为制订第三个五年计划和长远规划提供依据，第二次人口普查内容增加了本人成分、文化程度、职业3个内容。在这次人口普查的基础上，整顿并健全了城乡户口管理制度。

第三次人口普查内容增加到19项，并首次使用了计算机，对普查资料进行了数据处理。由于东南亚等一些国家没能成功使用计算机处理人口数据，数百位来自世界各国的人口学家、统计专家来到中国观摩。随着人口普查工作的顺利完成，中国人口普查的组织实施、数据处理等工作受到了全球性的赞誉。

随着人口迁移和流动数量的变化，1990年进行的第四次全国人口普查内容增加了“五年前常住地状况”和“迁来本地原因”。

这四次人口普查准确记录了中国社会结构的演变和经济的变迁，也为制定21世纪的人口发展政策提供了重要依据。

为预防传染病的传播，什刹海人民游泳场要求游泳者进入泳池前先行淋浴。（1951　敖恩洪、吴宝基）

“一池子都是回忆！”

50 年代，北京在进行市政建设的同时，全面治理内城水域。1951 年 6 月，昔日一潭死水、怪味熏人的什刹海，建成了设备较为先进的北京市人民游泳场，成为京城首个露天游泳场。6 月 6 日，什刹海人民游泳场举行落成典礼。什刹海人民游泳场与工人体育场、陶然亭和八一湖的游泳场并称京城四大天然游泳场。

什刹海人民游泳场每年从 6 月初起对外开放，8 月底关闭，其间，每天开放三场，每场能容纳 4000 人。1953 年，什刹海人民游泳场增开夜场，并实行周六、周日预售票制度。

什刹海人民游泳场落成后不久便举行涉外游泳赛事。1954 年，苏联游泳队访华，在这里举行了中苏游泳友谊赛，苏联游泳队还表演了滑稽跳水等。匈牙利等中欧运动员也曾在此一显身手。此后，什刹海人民游泳场不断升级改造，兼做比赛场地。1956 年 6 月，继原有的跳水池、比赛池、浅水池和儿童专享的“蘑菇池”外，游泳场增建了配备联合器械、沙坑等设备的陆上准备活动区。日光浴场由方砖地改建为水泥地，增添了有关如何练习游泳的挂图，以帮助初学者掌握技术。为了鼓励运动员提高技术水平，游泳场还设置了“光荣榜”，张贴打破北京市游泳纪录的优秀运动员的照片。

游泳是男女老幼都喜爱的运动，它不仅可以给人以享受，同时还可以锻炼身体，培养人顽强、勇敢、战胜困难的意志和乐观情绪，体会与大自然搏斗的乐趣。
（1955　任诗吟）

图中的游泳场是什刹海人民游泳场的1.0版。50年代的什刹海和现在的布局不同。水面偏西位置有一条土堤，将水面隔开，西面叫“西小海”。1963年，这个第一代游泳场所在的“西小海”被填平，建起了什刹海体校，游泳场改建在水面东部。

游泳每场最开始5分钱，后来1角钱。办理游泳证的“游客”，须经医务部门确认无传染病、皮肤病，在淋浴池冲洗过后方可入场。游泳场实行非循环制，每两小时一场，每场结束由工作人员进行场地消毒后，再开放下一场。

5分钱，是吃一根冰棍，还是去游泳，曾经是暑假里最困扰孩子们的“哈姆雷特之问”。

失业工人朱培先（左）受到工会关怀，被介绍到上海第二纺织机械制造厂做车工。（1952　郑光华）

“看成败人生豪迈，只不过是从头再来”

1949年5月27日，上海解放。国民党溃退之际，在长江口布设水雷，又派出300多架次飞机轮番轰炸上海，导致军民死伤数千，难民数万，财产损失不计其数，失业人数高达25万，市民的生产生活陷入瘫痪。

来自全国各地的捐款解决了上海失业工人的燃眉之急，上海市随后成立“失业工人救济委员会”负责实际救济工作。

图中左侧的中年男子朱培先，曾在仁记洋行做过撑船、茶役、电话接线等工作。洋行歇业后，他随即失业。在“失业工人救济委员会”的帮助下，朱培先走上新的工作岗位。每月除固定的薪金外，还有20元左右的超额奖金，“是一个再也没有生活顾虑的人了，一家人幸福和睦”。

1960年6月发布的《救济失业工人暂行办法》，对于妥善安置失业工人、稳定社会、促进国民经济恢复起到了重要作用。

《国营企业职工待业保险暂行规定》（1986）标志着我国失业保险制度的建立。“待业”一词随即成为社会热词。

90年代以后，“停薪留职”“厂内待业”“放长假”“两不找”“下岗”导致了一系列社会问题。

1999年发布的《失业保险条例》进一步扩大了失业保险的覆盖范围，在完善失业保险制度、保障职工合法权益等方面，实现了巨大的进步。

从失业救济到待业保险再到失业保险，中国的失业救济和保险政策一直在变化，它为失业者纾困赋能并促进了再就业，是社会制度优越性的一个温暖注解。

1965 年 8 月初，上海和平浴室翻修内部建筑，在拆除水管时发现了一条金项链。和平浴室服务员访问了一些街道居民委员会、派出所和学校，千方百计地寻找失主。失主陈韵清没想到，丢失 5 年的项链又找回来了。
（1965　邓永庆）

北京公共汽车公司的职员又归集了一批乘客遗忘的物品，准备送到失物招领处。（1957　黄鸿辉）

“哪有这样的事！”

50 年代，一位老人在天津市和平区辽宁路拾物招领处留言簿上说：“我活了 63 岁，看到拾物招领部门还是头一回，要不是新社会，哪有这样的事！”

新中国成立后，社会上下呈现出团结奋斗、积极向上的新气象，人民群众的觉悟普遍提高，拾遗物品的数量不断增加。为了做好拾物招领工作，天津市公安局于 1953 年 8 月拟定了《招领迷失儿童、牲畜及拾遗物品之规定》，明确设立“天津市公安局拾物招领处”。1953 年 10 月，天津市公安局正式成立拾物招领处。至此，天津成为新中国成立后第一个建立拾物招领制度的城市。

1956 年，北京市公安局失物招领处成立，一年内就接收到物品上万件，全部待领的东西有 40 大类。靠墙的橱柜里摆着上百副眼镜和各式各样的小皮包，屋子正中间的几个架子上是成捆的毛衣、绒衣、围巾……设立在全国各地的失物招领处的程序主要是：拾者随时将拾到的物品送交附近的派出所，如遇在公园、商场、影剧院、旅馆等公共场所拾到的物品可就近交到这些场所的管理部门，并让管理方开具证明。收到拾物的部门在规定时间内先行公告招领，逾期未能招领的，上交失物招领处继续招领。

失物招领制度的建立，不仅是一项便民服务，更重要的是进一步密切了警民关系，弘扬了拾金不昧的良好道德风尚。

新中国成立初期，我国组建了新疆生产建设兵团。这些人民解放军官兵，放下枪炮，屯垦戍边，在新疆的千里边境线和荒漠地带开荒种地、开发新疆。（1953　陆文骏、杨楷、袁国祥、王鹤群）

“可克达拉改变了模样”

新疆和平解放时，经济发展处于停滞状态，人民生活贫苦不堪。

1950 年 1 月，为巩固边防、加快发展，减轻新疆当地政府和各族人民的经济负担，驻新疆的解放军仅用一年就开垦了荒地 83 万亩，收获粮食 6800 多万斤、棉花 7500 多担、油料 370 多万斤。纺织、造纸以及铁、木加工等工业作坊被建立起来，养殖业也得到了巨大发展。到第二年，驻疆的军区部队已经实现了粮油自给自足，并开始向内地输送大量棉花支援祖国的轻工业发展。

1954 年 10 月，驻新疆的部分中国人民解放军组建“中国人民解放军新疆军区生产建设兵团”。大批来自全国各地的复转军人、知识分子、科技人员也加入兵团行列，投身新疆建设。

到 70 年代中期，各兵团人员过多、机构庞大的弊端开始显现，投资过重使得绝大多数兵团连年亏损。各大建设兵团陆续被撤销，转为农垦或其他系统。

1981 年 12 月，新疆生产建设兵团得以恢复建制，名称由原来的“中国人民解放军新疆军区生产建设兵团”改为“新疆生产建设兵团”。重生后的兵团以经济建设为中心，对农场经济体制进行了一系列改革，农业实行家庭联产承包责任制，工、交、商、建企业推行承包经营，各项事业蒸蒸日上……

1959 年，八一电影制片厂拍摄了反映新疆生产建设兵团屯垦戍边生活的纪录片——《绿色的原野》。这部气势恢宏的电影选用了一首婉转、深沉的插曲——《草原之夜》，从此传遍神州大地。“铸剑为犁”的军垦故事及其背后的“兵团精神”“胡杨精神”和“老兵精神”感动、激励着一代代华夏儿女。

在新疆玛纳斯垦区，水库养鱼逐渐发展起来，一网可捕几千斤鲫鱼。
（1964　《人民画报》编辑部）

经过长久的辛苦劳作，新疆莫索湾农场的农垦职工喜获小麦丰收。
（1964　《人民画报》编辑部）

为了防锈和防腐，山海关桥梁厂的工人师傅们不顾天气寒冷，将红色和灰色的油漆涂在刚落成的大桥上。（1954　正威）

钢桥摇篮，道岔故乡

1905 年，中国人自主设计并施工建造的第一条铁路干线——京张铁路开工修建，铁路全线的 121 座桥梁均由中国第一家铁路钢桥制造厂——山海关造桥厂（山海关桥梁厂前身）修造。

五六十年代，山海关桥梁厂制造了前所未有的大跨度钢梁供武汉长江大桥使用。“争气桥”（南京长江大桥）则开启了中国用国产钢制造特大桥梁的历史。钢梁的生产适值困难时期，为了支持生产，山海关桥梁厂的家属们吃野菜，把粮食留给“顶梁柱”们吃。

山海关桥梁厂研制的“62 型”道岔结束了中国使用外国道岔的历史。此后，在中国铁路历次大提速中所使用的道岔均率先由山海关桥梁厂研制成功。

山海关桥梁厂承接建造的九江长江大桥创造了钢桥史上的 5 个第一，技术上完成了从铆接到焊接的工艺转换。

从 19 世纪末生产出中国第一孔钢桥到 20 世纪初制造出中国第一组铁路道岔，从京张铁路到京张高铁，赓续红色血脉的山海关桥梁厂（21 世纪初改制为中铁山桥集团有限公司）参与制造了难以计数的桥梁，它们跨越大江大河，也跨越了近百年的中国桥梁史。山海关桥梁厂代表了民族工业自强不息的精神，实现了从“中国制造”到“中国质量”的一次次跃迁。

新中国成立后，上海塑料工业发展迅猛，为满足人民生活的需要，上海塑料三厂生产了大批深受国内用户欢迎的水瓶、盆、手提篮等产品。（1960　孙毅夫）

“地膜盖一盖，多收一万块”

塑料与合成橡胶、合成纤维是日常生活中不可缺少的三大合成材料。塑料更被称作人类伟大的发明之一，它的出现极大地推动了包装、汽车、电子、医疗器械、建筑、农业、食品、航空航天等领域的进步。

新中国成立前，我国合成树脂总产量仅有 200 多吨，只有赛璐珞和酚醛树脂两个品种，作坊集中于上海、重庆、珠江三角洲流域，原料依赖进口，产品不过是电器零件、纽扣、文具、皂盒、发梳、表带、裤带、赛璐珞眼镜架、玩具等小物件。

1954 年，沈阳化工研究院开始对聚氯乙烯树脂进行初步研究。两年后，塑料工业被纳入计划，塑料产量逐年上升，但产量依旧有限，截至 1957 年，合成树脂产量为 1.3 万吨，塑料制品产量为 1.4 万吨。

1958 年，年产 3000 吨聚氯乙烯的生产装置（PVC 树脂）在锦西化工厂建成投产，标志着我国塑料工业进入新的发展阶段。随着大型油田的开发，生产原料从乙醇和煤焦油逐步转向石油。北京、上海、辽宁三大石化基地相继建成，塑料的产量有了大幅度增长。

到 1996 年，我国塑料制品产量超过 1500 万吨，跃居世界第二位。

鲜艳、耐用的塑料制品，曾经是“洋气”的日用品，符合人们对新技术、新材料、新产品、新装备的最原始期待。不烫手的脸盆、花色繁多的发卡、哗啦啦作响的透明糖纸、简约透气的凉鞋，以及图片中干净清爽的手提篮，点染出日常生活中一抹亮丽的风景。

1979 年 9 月，在北京农业展览馆举办的全国首次轻工产品展销会上，两位青年女性正在挑选缝纫机。
（1979　曾湘敏、刘文敏）

“三转一响，四季衣裳”

“……三转一响，四季衣裳，五官端正，六亲不认，七八十元……”——这一关于择婿标准的顺口溜曾经在六七十年代广为流传。其中虽然不乏“诛心”的玩笑话，却也真实表现了人们在现实生活中的隐忧和热望。

“三转一响”，又名“四大件”，是50年代中后期出现的名词，特指当时国家有能力出产且为工薪家庭渴望拥有的四件家庭物品，分别是：自行车（“凤凰牌”“永久牌”等）、缝纫机（“飞人牌”“熊猫牌”等）、手表（“上海牌”等）和收音机（“红星牌”“红灯牌”等）。“三转一响”是生活在物质匮乏年代的人们对富足的想象，也从另一个侧面体现了当时轻工业、电子工业的发展和供给水平。

对于女方提出的难以企及的高标准“十字令”，耍贫嘴的光棍儿们心有不甘，他们将标准稍加改动：“……三转一响在商场，四季衣裳没有的确良，五官端正塌鼻梁，六亲不认包括丈母娘，七八十元俩人扛……”

随着凭票供应时代的终结，老“四大件”成了家庭标配，让人们趋之若鹜的是新“四大件”：电视机、电冰箱、洗衣机、录音机。新“四大件”的新鲜劲儿没持续多久，空调、微波炉、手机、电脑、汽车……各式各样的生活用品迭代更新，再没有人以“四大件”之名概括必需品、奢侈品了。

地球物理勘探工作组的技术人员正在利用电测方法寻找地下水源。（1961　宋学广）

"撮箕地，找水最有利"

看地面冰冻、看周边植被、"撮箕地，找水最有利"、"两沟相交，泉水滔滔"……甚至依靠口中念念有词的风水先生，这些古旧的找水方法渐渐被科学的地下水地球物理勘探所取代。

地下水地球物理勘探是在地面、钻孔中或空中，用综合地球物理勘探方法，测量各种物理场的变化，以研究水文地质条件，勘查地下水资源。

新中国成立后，以国家重点垦荒种植地区松嫩平原为例，随着农业、工业、油田开发的迅速发展，对地下水的需求越来越大，高效的电测方法，使得地下水源被准确地大规模开采。到 21 世纪初，松嫩平原的地下水开采量增长近 3 倍。

从土法找水，到电测找水，继而兴修大量机井，再到 2021 年 12 月 1 日《地下水管理条例》的正式施行，在对自然资源的保护以及美丽中国愿景的强烈诉求下，地下水的利用和管理发生了巨大的改观。

大鱼岛村的经济发展了，村民的住房条件得到了很大的改善，人们搬出了破旧的低矮房屋，建起了明亮的居室，还购买了时髦家具和摆设。（1980 刘文敏）

大鱼岛红透巴黎左岸

大鱼岛位于胶东半岛最南端，有“神州第一渔村”的美誉。

1925 年，岱屿岛渔民捕获一条罕见的大鲨鱼，为祈求渔业丰收，遂用谐音将村名改为大鱼岛。

1948 年后，大鱼岛先后成立了渔业生产互助组、渔业生产合作社、高级渔业生产合作社。到六七十年代，大鱼岛村集体化经济的发展走在全国前列。闻名全国的传奇女子船队“三八船 ”的捕捞量连续荣获山东省同马力渔船第一名。大鱼岛村成为全国渔业战线的一面红旗，被誉为“海上大寨”。《渔岛怒潮》《海上明珠》《怒海轻骑》《海上生明月》《下课以后》等电影与纪录片，都曾在大鱼岛取材拍摄。

1971 年至 1975 年，荷兰导演伊文思在中国拍摄了 12 集纪录片《愚公移山》，其中在大鱼岛拍摄的《渔村》片长 100 分钟。《渔村》真实展现了当地渔民的生产、教育、医疗以及民主生活和劳动成果分配情形。

1976 年，《愚公移山》在巴黎塞纳河左岸的艺术影院上映，受到欧洲观众的热烈欢迎和评论家们的好评。

在《渔村》一片的开头，摄影师追随一位肩扛锄头的青年女子前往劳作现场，她头发乌黑、眉目鲜明，在她粗粝的大手里，一束盛开的虎皮百合在 70 年代的阳光里熠熠生辉。

七

天津汽车制配厂装配出的新中国第一辆吉普车，作为国庆礼物开赴北京。（1951　敖恩洪）

“我天拖的，保全儿！”

在1949年开国大典上，朱德总司令在阅兵总指挥的陪同下，乘坐“吉斯110轿车”检阅部队。这是一款苏联生产的豪华轿车，自重高达6吨，作为一份“重礼”被赠送给新中国。50年代初，中国进口数量最多的汽车是苏联产的GAZ-M20“胜利”轿车和波兰的“华沙M20”（苏联技术）。前者性能优越——配备了电动雨刷器、转向信号灯和收音机。

为造出中国人自己的车，天津汽车制配厂借鉴曾被乔治·巴顿盛赞的军用“福特”GPW，开始了造车计划。1951年9月，新中国第一辆吉普车在天津装配完成。

此后，国产吉普车遍地开花：上海“58”、济南“黄河”、重庆“长江”、福州“红旗”、沈阳“卫星”、北京“210”……在公路设施还不完善的时期，吉普车以其出色的越野能力，成为新中国发轫期地方政府最常见的公务车。在路上和“大队书记蹬、蹬、蹬（拖拉机）、公社书记130（卡车）、地委书记两头平（‘上海牌’轿车）”一起驰骋的，还有“县委书记的帆布篷（吉普车）”。

在率先推出吉普车后，天津汽车制配厂更名为天津拖拉机厂，随着“铁牛”的问世，“天拖”又创造了一项全国第一。

在经典相声《纠纷》里，丁文元得意洋洋地说道：“我天拖的，保全儿！”虽然语调滑稽，但其中的自豪感真实不虚。

盛产苹果的辽宁金县再获丰收，果树生产合作社的社员们正在将苹果装箱，再用马车运到土产公司。
（1952　吴宝基）

“冷货换冷货，两头变热货”

新中国成立之初，由于交通不便、流通组织机构不健全以及加工能力落后，农村土特产极度滞销。广西驰名全国的特产桂皮被当地农村用作燃料，湖北宜昌堆积如山的木瓜无人问津，湖南临武的砒石罕有买家，各大工厂急需的石棉在河南南阳被弃如敝屣……农村土特产的产销不畅不仅严重影响了农村的经济恢复、农民收入水平的提高，还对城市工业原料供应、工业品下乡以及出口换汇造成较大影响。

各级人民政府根据“公私兼顾、劳资两利、城乡互助、内外交流”的政策，大力开展土特产购销活动。国营公司、合作社等商业机构通过举办土产展览会、土产交流会等形式，组织私商运销并开展地区间的土特产交流活动，铁道部也对土产的运费作了大幅降价。新中国的农村土产的产销逐步走向计划性，各地土产的购销渠道得以疏通和拓宽，进而提高了农民的购买力，拓展了工业品市场，活跃了城乡经济，促进了城乡良性互动和共同发展。

新中国成立后，托儿所、幼儿园的数量逐年增加，广大幼儿在这里快乐成长。清晨，老师带着托儿所的孩子们在北海公园里游玩。（1952　吴宝基）

“水中鱼儿望着我们”

三四十年代，苏区和陕甘宁边区就已设立托儿所。到新中国成立前，全国共有托儿所 119 个，分为劳工托儿所、农村托儿所、职业妇女托儿所和工厂托儿所等。新中国成立之初，我国的托育机构数量呈现出井喷式增长。到 1952 年，全国工矿、企业、机关、学校中的托儿所增加到 2738 所。

1950 年 8 月举行的第一次全国女工工作会议把儿童照料社会化与普通劳工阶层妇女解放联系起来，指出对家务、幼儿照料的公共支持是对妇女参与社会公共活动的前提条件。祖国的花朵从此沐浴在新中国的阳光下。

从 1949 年到 1954 年，我国每年新出生人口均在 2000 万以上，这直接导致了托育需求的增长，全国范围内托儿所的数量连续翻番。

这一时期的托育服务主要强调国家和集体的责任，具有明显的福利性质。设立托儿所的主要目的除了保育儿童之外，更是减轻妈妈们的育儿负担，便于她们投入劳动生产。

图中的孩子们“看上去很美”，他们身后水面上倒映的就是那座著名的美丽白塔。4 年之后，他们进入小学课堂，每当歌声响起，方枪枪都会小声地对同桌说：“我们总去北海公园，每次老师都不拉着别的小朋友，就攥着我的手！”

254

255

“鸡妈妈”保护着“小鸡”，左躲右闪，想尽办法不让“老鹰”抓着“小鸡”。
（1955　吴宝基）

天津一家托儿所的厨工大娘，正在为小朋友们准备营养均衡、美味可口的餐食。
（1957　李曙）

左图

“再来两斤苹果！”农民买了许多日用品，还要买些水果。从张家湾这样一个普通小村镇的市场上可以看出，中国的经济在迅速发展，人民生活水平在提高。（1954　彭华士）

右图

温州纸伞厂的工人正在认真检查即将投放市场的产品质量。（1961　《人民画报》编辑部）

“不是二道贩子，是二郎神”

1949 年，中国的财政赤字高达 66%，经过一年的调整，1950 年降为 4.4%。为制止投机资本操纵市场，新中国果断采取有力的经济措施和行政手段打击非法投机活动，对稳定市场起到了重要作用。

从 1953 年实行“统购统销”制度起，超出人民政府批准的业务经营范围进行物资经营的行为被定性为“扰乱市场的投机商业”，自发的小商品经济作为“尾巴”几乎被割绝。农村的集市也受到严格管控。

1963 年 3 月，《关于打击投机倒把和取缔私商长途贩运的几个政策界限的暂行规定》中把投机倒把分成了私商转手批发、长途贩运，开设地下厂店行栈、放高利贷、雇工包工剥削等 8 类。对到外地探亲访友或自食自用所带物品也作出具体规定：粮食只能带 15 斤，花生仁只能带 3 斤，食用油只能带 2 斤等，并且物品总值不得超过 10—15 元（按国营商业零售牌价计算）。

《青松岭》中为生产队赶车的钱广自私自利，他趁着出车的机会夹带“私货”，成为电影中投机倒把的典型。

80 年代初期，随着一系列整治投机倒把的指示和规定的出台，民营经济大幅度缩水。

1984 年，尽管被指控为“经济犯罪”的温州“八大王”得到平反，但“投机倒把罪”并未因此消失。3 年后，《投机倒把行政处罚暂行条例》正式发布。

1997 年，《刑法》修订，取消了“投机倒把罪”。

进入 21 世纪，《投机倒把行政处罚暂行条例》出现在“国务院决定宣布失效的行政法规目录”（2008）中，因为“调整对象已消失，实际上已经失效”。

京郊农民大力发展果树栽植，果园里果实累累，城市水果摊琳琅满目。
（1962 《人民画报》编辑部）

春节假期里的北京厂甸庙会，冰糖葫芦是最具特色的小吃，饱含着浓浓的年味儿。
（1963　《人民画报》编辑部）

在河北衡水，卫生员经常深入田间地头，为繁忙劳作的农民检查身体。（1950　《人民画报》编辑部）

“出诊愿翻千层岭，采药敢登万丈崖”

1933 年，毛泽东在《长冈乡调查》一文中指出：“疾病是苏区中一大仇敌，因为它减弱我们的力量。如长冈乡一样，发动广大群众的卫生运动，减少疾病以至消灭疾病，是每个乡苏维埃的责任。”

在抗日战争和解放战争时期，陕甘宁边区政府一直把开展全地区卫生运动列为施政纲领，于 1941 年成立防疫委员会，开展了防止鼠疫、霍乱的军民卫生运动。1948 年，在华北解放区的河北省正定县本笃庄，中国解放区救济总会与联合国儿童急赈基金会合作举办了“华北公共卫生人员训练班”。

新中国成立前，真正专业全脱产的中医只有 10 多万人，主要分布在大中城市、县城和大的乡镇。其他更多的中医则是在村庄里一边行医一边务农，人们戏谑地称他们为“走方郎中”。

新中国成立后，“半农半医”和乡村卫生员被纳入整个医疗卫生体系，成为基层卫生组织的重要组成部分。1950 年 8 月召开的第一届全国卫生工作会议，确立了新中国卫生工作的三大方针：“面向工农兵”“预防为主”“团结中西医”。

卫生员和此后出现的“赤脚医生”（60 年代后对农村基层兼职医疗人员的称呼），解决、缓解了广大地区缺医少药的问题，在紧急救护、普及爱国卫生知识等一线工作中作出了贡献。

“身背红药箱，阶级情谊长，千家万户留脚印，药箱伴着泥土香”的卫生员奔走在祖国大地上，“小病拖、大病磨、请不到医生请巫婆”的现象成为历史。

陕西汉中歌剧团既是演出队，又是宣传队和服务队。他们代售书画，放映幻灯片，宣讲时事和科学常识，辅导农村业余剧团，培养农民业余文娱骨干……（1965　黄韬鹏）

“队长娘子拉红线，缠住冷翠挖墙脚……”

陕甘宁边区民众剧团、西北文艺工作团、延安青年艺术剧院、抗大总校文工团……三四十年代，成千上万的海内外爱国青年、文学艺术家们奔赴延安，与当地的文艺工作者集结成一支支革命文艺队伍。在文艺抗战活动中，他们创作出了大批艺术经典，为民族解放和人民福祉奉献了青春与热血。

新中国文艺院团的门类多样，包含音乐、舞蹈、戏剧、戏曲、曲艺、杂技等。其行政层级（省、地、县等）和隶属关系（党、政、军、企、民等）各不相同。在称呼上，文艺院团曾有过“艺术表演团体”“剧团”“文艺团体”“艺术院团”等多种名号，体制上经历了公私合营、私营公助、国营、民营、集体、个体、承包制、双轨制、转企改制等过程。

汉中歌剧团的前身是成立于1949年的陕南文艺宣传工作队，工作队排练了众多反映革命斗争的秧歌剧、活报剧和演唱节目，深入部队基层和解放区各集镇演出，发挥了文艺轻骑兵的作用。

50年代，工作队先后更名为“红星文艺工作团”“红星歌剧团”和“汉中歌剧团”。

60年代初，汉中歌剧团创作的大型地方歌剧《红梅岭》轰动全国，后被拍成了戏曲电影，又掀起了观影热潮。1964年，汉中歌剧团被文化部树立为全国文艺战线十面红旗之一。

基础建设工地文化服务队来到鞍钢工地，为辛苦劳作的工人举办慰问演出。（1953　杨荣敏）

“世上有朵美丽的花”

在 1958 年的歌曲《歌唱光荣的八大员》中，文工团员和驾驶员、售货员等一起，展现了新中国的建设者们爱岗敬业的精神风貌。

文工团是文艺工作团的简称，诞生于战争年代，是运用歌、舞等多种形式开展宣传活动的综合性文艺团体。在抗日战争和解放战争时期，剧社、宣传队等人民军队的文艺团体为弘扬民族精神、鼓舞军民斗志起到了不可或缺的作用。

文工团是严肃的军营生活里一道美丽、活泼的景观，50 式军服中有专门为女文工团员提供的制式服装——无檐帽、苏式套头衫、蓝色裙子、长统靴，另配有呢子大衣。

60 年代末，精简后的各文工团改称宣传队。但人们还是习惯称其为文工团，比如把北京军区政治部宣传队称为“战友文工团”。到了 1975 年 5 月，各专业宣传队又陆续改回文工团（歌舞团、话剧团）的称呼。

进入 80 年代，各大文工团的编制都在不同程度上进行了合并和缩减。

青春靓丽、多才多艺是文工团员的集体写照。在影音传播条件受限的历史时期，各类文工团通过现场演出的形式，将众多优秀的文艺作品带到村庄和哨所。在矿区、工厂等劳作现场，文工团的慰问演出展示了新中国对所有劳动者一视同仁的关爱。在或大或小的“狂欢”现场，工作激情得以被点燃，英雄事迹得以弘扬，乐观主义精神得以传播。

武汉长江大桥总长 1670 米，从基底至公路桥面高 80 米，上层为公路桥，下层为铁路桥，两列火车可同时对开。图为一列火车跨桥开过长江。（1957　李兰英、李基禄）

“一桥飞架南北，天堑变通途”

1949 年 9 月，李文骥、茅以升等一批桥梁专家向中央递交了《筹建武汉纪念桥建议书》，建议建造武汉长江大桥作为新民主主义革命成功的纪念建筑。第二年，铁道部着手筹备武汉长江大桥的建设事项，并成立了“武汉大桥测量钻探队”。1953 年 4 月 1 日，武汉大桥工程局成立，负责武汉长江大桥的筹备建设等工作。由 25 位苏联桥梁专家组成的鉴定委员会，对武汉长江大桥的方案进行了反复研究、完善。1955 年 9 月，武汉长江大桥作为中国国家“一五”计划重点工程动工建设……

1957 年 10 月 15 日，武汉长江大桥正式通车交付使用。

武汉长江大桥是长江上的第一座大桥，是中国第一座复线铁路、公路两用桥，对促进南北经济的发展起到了重要的作用。通车 5 年，通过的运输量就达到 8000 多万吨，缩短火车运输时间约 2400 万小时，节约的货运费用超过了整个大桥的工程造价。

武汉长江大桥的建设，拉开了中国现代化桥梁建设的序幕。大桥历经了多年风雨仍然坚固如初，傲然静卧。它不仅是第三套人民币上的图案之一，更是一座展现新中国建设成就的历史丰碑。

瓯绣是浙江温州的地方传统民间工艺，具有很强的装饰性和浓厚的地方风格。
（1961　茹遂初）

“十一十二娘梳头，十二十三娘教绣”

瓯绣，又称“画帘”，亦名“温绣”。瓯绣是浙江温州的地方传统刺绣艺术，产于瓯江地区，是浙江“三雕一绣”特种工艺品之一。

1876 年，温州被辟为通商口岸，瓯绣作品销往欧美、南洋、日本以及中国港澳台地区。1910 年，瓯绣名艺人林森友从上海一处绣庄看到一幅湘绣画片，回温州创办了号为“美艳”的刺绣工场，开创瓯绣画片，使瓯绣由实用品向艺术欣赏品发展。

绣艺高手庄竞秋创作的画片出口欧美及南洋各地。

新中国成立后，工艺美术扭转了百工失业、百业俱废的颓势。在合作化运动的扶持下，“小、散、乱”的生产方式和运营方式得到了改变。

50 年代初，众多分散的绣坊、绣铺集中在一起，组成了两个代工场和一个刺绣生产合作社。1955 年，这三家单位改为两家瓯绣生产合作社和一家戏装厂，同时与上海丝绸进出口公司挂钩，建立出口业务。1958 年，瓯绣生产合作社和戏装厂合并为“ 温州市瓯绣厂”。

1959 年，在为庆祝新中国成立 10 周年举办的“全国工艺美术展览”中，瓯绣在全国名绣中排列第五位。

秉承“工匠精神”的中国手艺人，继续在新世纪里“慢工细活”着。

在参加围棋比赛的聂家三姐弟（左一为三弟聂继波，右一为姐姐聂珊珊，右二为二弟聂卫平），他们的父母也前来观看比赛。（1962　何世尧）

“围棋、乒乓球、书法、兰花，都可以交流”

1960年，日本围棋代表团首次访华，在30盘对弈中，面对日本九段棋手的“降维打击”，中国棋手仅“胜两盘、和一盘”。

1961年，日本围棋代表团没有派出九段棋手，而派出三位非著名职业棋手和两位业余棋手等人来华。54岁的五段女棋手伊藤友惠八战八胜，甚至一边下棋一边赏花观鱼。一年后，中国围棋代表团第一次到日本访问，此次战绩更是乏善可陈，甚至输掉了和日本业余棋手的大部分比赛。

日本围棋代表团第三次访华时遇到了对手。1963年，陈祖德五战五胜，最后战胜了当时的日本围棋代表团团长、九段棋手杉内雅男，实现了中国对阵日本九段棋手“零的突破”。这个文质彬彬的19岁青年迅速成为和雷锋、王进喜一样的全民偶像，在中国掀起了一股久违的“围棋热”。

中国围棋的自我救赎从此开始——换掉老棋手，筛选培养中青年，成立围棋国家队。中国围棋发展速度惊人，“陈吴（陈祖德和吴淞笙）时代”和“聂卫平时代”相继到来。作为围棋发源地的中国终于露出重新崛起的峥嵘面相。

在1984年第一届中日围棋擂台赛举办之前，日本围棋仍处于“龙头老大”的地位。此次擂台赛之后，“日本围棋不可战胜”的传说破灭，中国围棋重新回到顶流阵营。

274
275

北京维尼纶厂的工人。（1973　李兰英）

大学生工厂“合成棉花”

北京维尼纶厂位于顺义区牛栏山镇，于 1963 年 9 月开始筹建，1965 年 8 月投料试车成功，是中国第一座维尼纶厂。

北京维尼纶厂在建厂之初，年产量 1.1 万吨（相当于 20 万亩棉田的产量），有效解决了当时棉花不足的问题，为缓解当时人民群众的穿衣问题作出了重要贡献。

几百名大学生从全国各地来到厂区，最多的是上海华东纺织工学院的大学生，也有一些印尼、马来西亚以及加拿大、巴西等国的归侨。不足 2000 人的工厂，有几百名大学生，流水线上的每个班组组长都是大学生，这个比例在全国工厂企业中实属罕见。

1971 年，全国计划会议把发展维尼纶列为发展合成纤维工业的重点，按照北京维尼纶厂的标准，在全国范围内新建了 9 个年产万吨级的维尼纶厂。即便在 1966 年至 1976 年这一特殊时期，北京维尼纶厂也未曾停工减产。进入 90 年代，随着科学技术的日新月异，新产品的层出不穷，维尼纶生产逐渐退出了历史的舞台。2001 年，北京维尼纶厂申请破产，圆满完成了它的历史使命。

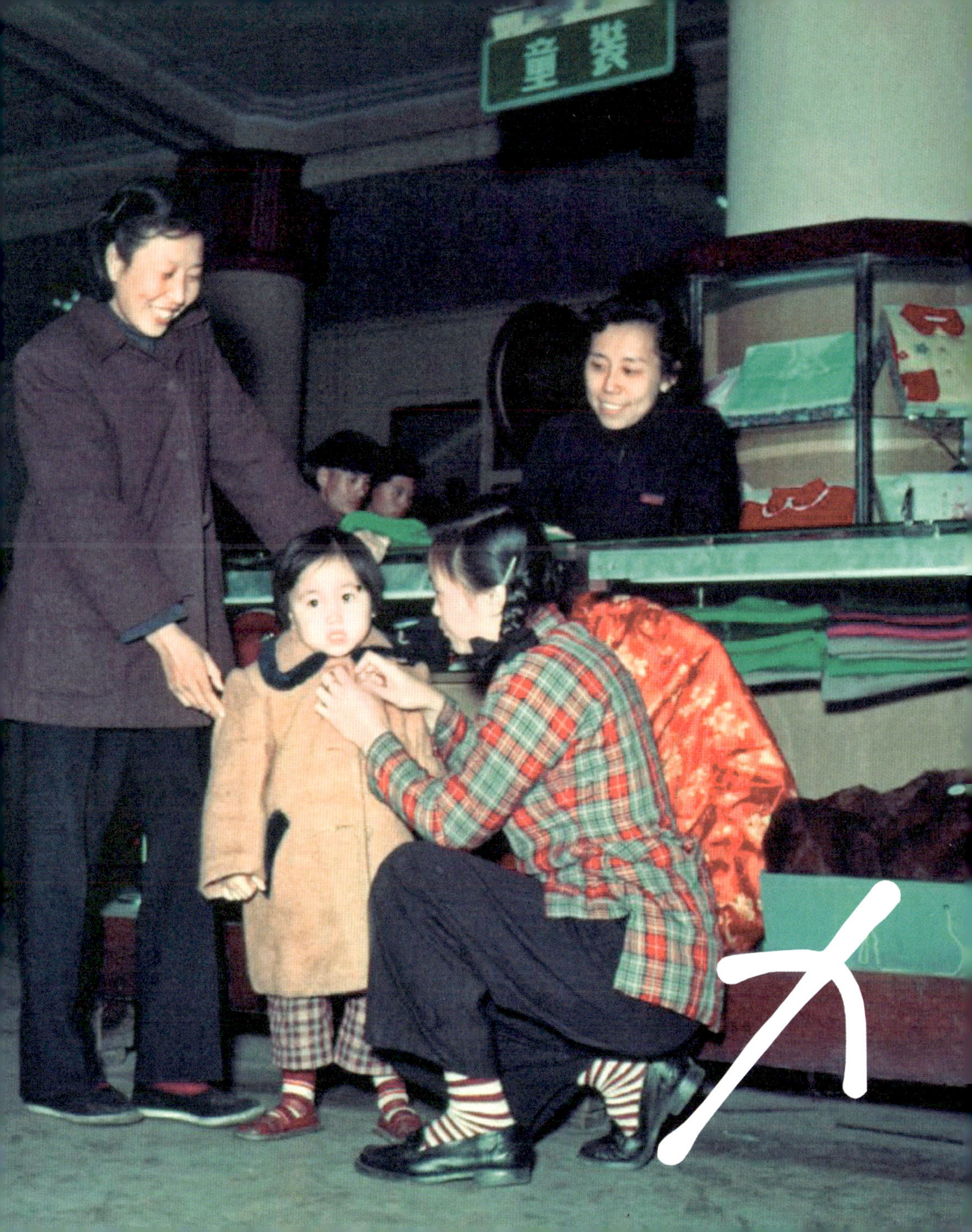
童装

新中国成立以后，对旧的绘画形式的改造，首先是从最为普及的连环画、年画开始的。新连环画曾经是老少皆宜的休闲读物，解放军战士也喜欢在闲暇时翻看。（1951 《人民画报》编辑部 ）

“小孩看，大人也看；文盲看，有知识的人也看”

新中国成立以后出版的连环画，内容逐步转向反村霸、参军抗战、英雄事迹以及破除迷信、军民合作等题材。1950年4月，新的婚姻法颁布，《小二黑结婚》《两家春》《李宝琴争取婚姻自由》等作品纷纷问世并受到读者的追捧。到1951年4月，上海共推出了1139种新连环画。

国家文化部在1951年的工作报告中指出:“发展新连环画与新年画，改革旧连环画和旧年画，这是美术工作方面的重点。”全国连环画业社会主义改造随即展开，为五六十年代连环画事业黄金时期的开启奠定了基础。

新中国的创作者们为连环画注入了新的思想和技艺：王叔晖、刘继卣、戴敦邦、贺友直、顾炳鑫、颜梅华、王弘力、华三川等创作了一大批经典作品；丁斌曾与韩和平共同绘制的《铁道游击队》共再版20次，累计印数达3652万册；上海人民美术出版社在1957年出版的《三国演义》是迄今为止篇幅最多的连环画巨制；贺友直创作的《山乡巨变》融合了《清明上河图》《水浒叶子》等传统中国画的用线及古典绘画表现形式，被称为中国连环画史上的巅峰杰作……在广播电视尚未普及、识字率不高的年代，改造后的连环画更加注重艺术的教化功能，成为最普及的读本和最受欢迎的娱乐方式。

此后数年，小人书摊逐渐被街道图书馆取代，装帧精美的绘本占据了书店里的显要位置。到90年代中后期，连环画成为热门的收藏品。

浙江新登县许桂荣农业生产合作社的社员们正在田里收割水稻。站在打谷机旁边正在进行脱粒工作的就是合作社主任、浙江省农业劳动模范许桂荣。（1952　郑光华）

许桂荣农业生产合作社

“每家只留一把锄头”

1950 年插秧时节，浙江省新登县新堰村成立了 15 个临时互助组，其中民兵队长许桂荣的互助组有 7 户贫农参加。

许桂荣互助组贯彻“自愿互利”原则，集中统一使用农具，除谷箩外，每家只留一把锄头，其余集中组内公用。合理评工计分，及时清结账目，并经常开民主检讨会……互助组的亩产量在 1951 年达到 200 公斤，许桂荣互助组成为新登县的试点典型。

1951 年 11 月下旬，浙江省委农工部领导在杭州听了许桂荣的汇报后，认为许桂荣互助组具备了试办农业生产合作社的一些条件，并向许桂荣介绍了东北、华北等地办农业生产合作社的经验和优点。回村后，许桂荣积极在组内做宣传酝酿工作，组内积极分子也都十分赞成。

1952 年 1 月底，浙江省第一个初级农业生产合作社——许桂荣农业生产合作社成立。社员们一起铲平多余田塍，扩大耕作面积。此外，社员投入副业的积极性也大大增强，草纸比一般互助组增产三成。

1952 年，在浙江省第二届农业劳动模范大会上，许桂荣被命名为省特等劳动模范，其农业生产合作社成为全省农业合作社的典型。在许桂荣的影响下，不仅新登县农业合作化运动的发展大大加快，而且也为江浙农民走合作化道路树立了榜样。

时至今日，仍然可以在 1952 年摄制的纪录片《许桂荣农业生产合作社》中，看到 70 年前的那段热火朝天的劳作场景。

西藏和平解放后，在人民政府的关怀和帮助下，西藏各项事业得到快速发展。小学、中学教育已在拉萨普及。图为拉萨中学的少年音乐爱好者，他们欢聚一堂，开心地伴着手风琴唱歌。（1962　张冠嵘）

“供给制形式的人民助学金”

从 7 世纪藏族创制文字到西藏和平解放前，西藏教育的主要形式有寺院教育、藏医药教育、僧俗官员教育和私塾教育，显著特点是“学在寺院，以僧为师”，学习内容和范围较窄，并且只有各大领主和富商子女才能获得学习机会，广大农（牧）奴及其子女被剥夺了受教育权利。西藏自治区成立前，西藏人口中文盲、半文盲率达 95% 以上，科学文化知识极其贫乏。

为了改变西藏传统教育的“去平民化”，保障普通群众平等接受教育的权利，西藏自治区自成立以来，就一直把教育优先发展放在重要的战略位置上，通过采取一切必要手段扩大教育资源，并在创办现代教育初期对学生实行“供给制形式的人民助学金”。

1951 年 3 月，昌都小学成立，成为西藏现代教育的起点。布达拉宫脚下的拉萨中学成立于1956年，是西藏历史上的第一所中学。到1960年，拉萨已基本形成了完备的中、小学基础教育体系，建成了众多以扫盲为主的农牧民夜校。

北京的下水道由于年久失修，大部分都已淤塞或坍塌，排水困难。新中国成立后，北京市政府投入很大的力量整修下水道。图为管道工人正在整修东交民巷一带的下水道，保障居民的正常生活。
（1951　《人民画报》编辑部）

“沟不臭，水又清，国泰民安享太平”

新中国成立以前，中国的城市排水以明沟和天然河塘为主，全国城市的排水管道总长度仅为6034公里，且因淤塞失修，排水沟和湖塘更是垃圾成堆、污水四溢。

各地人民政府用“以工代赈”的方式推进“爱国卫生运动”，城内大量积存的垃圾得到清理。北京龙须沟、广州玉带濠、天津四方坑等地都得到了整治。浚渠清塘解决了城区的内涝问题，也改善了居住环境。仅仅3年，全国城市的排水管道就增加了1037公里。

从“一五”计划时期开始，在苏联专家的指导下，重点城市和新兴工业城市开始进行现代化排水工程的建设（“地下管网式”的分流排水系统）。

此后，全国范围内的排水管道铺设持续进行，一些北方城市尝试将污水输入郊县灌溉农田，工业废水则采取“就地回收、因地制宜、适当处理、充分利用”的处理原则。

改革开放后，城市排水的相关政策得到调整，大批城市新建了高效率的排水设施。清通排水管道的主要方式虽然仍是人力、竹片、绞车疏通，但在新建的住宅区里，生活污水处理厂已经开始取代化粪池。

到20世纪末，全国城市的排水管道长度达到13余万公里。经过半个世纪的疏通与兴建，排水的成就显示了新中国“城市的良心”。

吉林蛟河县韩恩农业生产合作社在抓好种植粮食的同时，还进行了各种副业生产。在田埂上割草的妇女生产队正在休息。（1954　宋学广）

“自古以来没有的”

1954 年 9 月，第一届全国人民代表大会第一次会议在北京召开，包括申纪兰（时年 25 岁）在内的 1000 多名代表带着全国各族人民的重托，齐聚北京，共商国是。

9 月 20 日，出席大会的 1197 名代表对《中华人民共和国宪法（草案）》进行投票表决——新中国的第一部宪法以全票赞成的结果诞生。因其在 1954 年颁布，又被称作“五四宪法”。

1949 年诞生的新中国，直到 1954 年才产生其第一部宪法，但并不意味着新中国存在着宪政空白。在“五四宪法”诞生之前，1949 年第一届中国人民政治协商会议通过的《共同纲领》发挥着新中国临时宪法的作用。

人大代表韩恩来自吉林省蛟河。早在 1947 年春，他就组织了 18 户贫雇农建立全县第一个互助组。1949 年，他被命名为省特等劳动模范。1950 年，他当选为全国劳动模范，出席全国工农兵劳动模范代表大会。1951 年，他作为农业劳动模范代表特邀列席全国政协第一届三次会议。

在投票之后，韩恩激动地说：“农民参加管理国家的大事情，制定的国家宪法，这是自古以来没有的。只有在共产党的领导下，我们农民才有今天这样的好日子。”

左图
在甘肃山丹牧场，圆脸姑娘在羊毛打包场中看着劳动成果开心地笑了。（1960　孙毅夫）

右图
在内蒙古呼伦贝尔，牧民正在用新设备给乳牛挤奶。（1959　《人民画报》编辑部）

“云彩白呀云彩白，不如公社的羊绒白”

新中国成立前，我国畜牧业生产力水平很低。在农业区，畜牧业是从属于种植业的家庭副业；牧区的广大牧民，在牧主的统治下，过着逐水草而居、粗放的游牧生活。长期战乱使得草场退化，畜禽疫病流行，畜牧业处于极其衰落的局面。屈指可数的毛纺工业，全靠进口羊毛维持生产。

新中国成立后，采取了一系列保护和发展畜牧业的政策和措施，如禁宰耕畜、奖励繁殖、防治兽疫、开展爱国增畜运动、引进种畜、改良品种……广大农民、牧民的生产积极性空前高涨，畜牧业很快得到恢复。

党的十一届三中全会以来，一系列加强和推动农牧业发展的政策和措施为畜牧业的发展指明了方向并提供保障。牧区也开始逐步推行草、畜家庭联产承包责任制。90 年代中期，牧区又逐步推行草场有偿承包使用责任制，使有偿承包使用面积占到利用面积的 50%，促进了草原建设、牧民定居和牧区经济的发展。

畜牧业经济体制的改革，极大地推动了畜牧业的快速发展。1985 年和 1990 年，我国禽蛋和肉类产量分别跃居世界第一位。到 1997 年，我国人均

左图

为提高畜牧业产量，政府带领牧民打井打草，牧区的生活充满阳光。（1952　《人民画报》编辑部）

右图

在内蒙古呼伦贝尔大草原上，青年牧民正在驾驶打草机劳作。打草机的使用极大地节省了人力。（1956　《人民画报》编辑部）

畜产品占有水平为：肉类41.9千克，大大超过世界平均水平；禽蛋17.3千克，已达到发达国家平均水平。1999年，全国畜牧业产值激增至7000亿元。

畜牧业从家庭副业成长为农业农村经济的支柱产业，畜产品供应从严重匮乏到供应充足。这为改善我国居民的膳食结构和营养水平、增加农民收入、促进农村劳动力就业和保障国家食品安全作出了巨大的贡献。

广东梅县从前的风俗是，谁家生了男孩，到了元宵节，就要在祠堂里升上花灯。到 80 年代，生男生女都一样，这对青年夫妻特为独生女升起一对花灯，灯上写着“喜添贵女”。（1984　古进）

“我心依然是中国心”

早在19世纪中叶，西装就已经在中国出现，除了来华的外籍人士，做外贸生意的中国商人和留学生，也不时把“洋装”穿在身上。到19世纪末，西装定制店已经在苏州、上海出现。西装，作为新文化的象征，开始冲击传统的长袍马褂。

到30年代以后，中国西装加工工艺已经在世界上享有声誉。当时，中国西装流派主要有罗派和海派——罗派以哈尔滨为代表，制作的西装隆胸收腰，具有俄国特色；海派以上海为代表，制作的西装柔软、合体，具有欧美特色。

但即使在1934年，大多数的人们对于西装仍持排斥态度。

改革开放带来观念更新和经济腾飞，日益与国际接轨的中国人，开始重新审视西装及其服饰文化。80年代，在北京展览馆举办的全国服装展销会上，西装的展台前人潮涌动。1983年7月22日的《北京晚报》上出现了提倡穿西装的头版头条。

最先流行的男式西装样式是单排扣、平驳领，后来双排扣、戗驳领一度成为主流。“西装热”也带动了其他西式服装的流行，如夹克衫、风衣等。

80年代的“西装热”的热度远超民国时期的。它不只是对“体表”的重塑、对盛行多年的“老三装”的改变，在深层涌动的更是人们对改革开放的渴求。

新式猪舍的好处是阳光充足，空气新鲜，冬暖夏凉，可经常保持清洁，便于管理。每一头猪都有一个单间，舒适宽敞，利于猪的健康成长。图为河南的一处养猪场，值班工人在为猪圈添加精心配制的饲料。（1952　彭华士）

“要把社里的猪养得又肥又大”

新中国成立之初，工业基础薄弱，出口创汇只有农产品等初级产品。猪是用来为国家创汇和换取国家建设资源的重要的农产品之一。猪鬃、皮毛、油脂等是我国传统的重要的出口商品。

1950 年 1 月，全国猪鬃会议、皮毛会议、油脂会议召开，此次会议提出的对猪鬃实行“政府统销”，是新中国最早的一项具有全局性质的外贸政策。由于政策得当，猪鬃为国家带来了可观的外汇收入和急需的进口物资，并在国际市场上争取到了主动地位。

《关于养猪业发展的一封信》强调，要把养猪看得和粮食同等重要，要大养特养其猪，以及其他牲畜。一头猪就是一个小型有机化肥厂，如果能做到一人一猪，一亩一猪，肥料的来源就解决了。

1959 年 11 月 11 日，《人民日报》上刊登了漫画大家华君武的作品，并配有袁水拍的诗：“亩字点、横、田，肥猪是一点，猪圈儿是横，田里绿成片。一亩一头计划好，肥田还有猪粪尿，因地制宜多养猪，积极响应党号召。”

全国各地积极响应号召，对饲养生猪卖给国家的农户采取奖励工分、粮食、化肥等措施，全国上下掀起养猪热潮。

不只是猪肉上了百姓的餐桌，猪作为罕见的绘画题材也进入了中国美术史，陈达、魏紫熙、宋文治合作的《人勤猪肥》、潘絜兹的《养猪大嫂绘新图》、黄胄的《喂猪》、程十发的《一心为集体》都成为现当代绘画的经典作品。在寻常百姓家的墙上，还可以见到大量肥猪主题的年画。

黑龙江哈尔滨的退休老工人正在排队领取养老金，新的社会制度让他们安享晚年。
（1954　王复遵、郑光华）

“温馨又从容”

“养儿防老，积谷防饥”是中国的传统观念。由于缺乏养老金相关制度保障，“养儿防老”是农耕社会的百姓为未来筹划的“人格化的保险”，其引发了一系列社会问题，更是导致人口性别失衡的主要原因。

1951 年 2 月，《中华人民共和国劳动保险条例》颁布，它奠定了我国职工社会保险制度的基础，较好地解决了新中国成立初期职工的生活保障问题，引发了巨大的社会效应，上街欢庆的人群纷纷高呼“农民有土地，工人有劳保！”

养老保险制度在 90 年代进入创新改革阶段。90 年代初，《关于城镇企业职工养老保险制度改革的决定》《社会保险费征缴暂行条例》等的颁布，使养老保险从雇主单方面负担演变成由国家、企业、个人三方共同承担，养老保险的覆盖范围也发生了前所未有的变化。

20 世纪末，“统账结合”（社会统筹与个人账户并存）的养老保险制度建成，这是我国在世界上首创的新型基本养老保险制度，既体现了社会保险的社会互济、分散风险、保障性强的特点，也强化了职工的自我保障意识和激励机制。

到 21 世纪初，“新农保”更是拓宽了养老保险的覆盖范围……

河南潢川县黄湖农场，为职工和当地农工开办文化夜校。（1969　刘全聚）*

“学习那文化理呀，当然来么嗯咳哟”

新中国成立之初，文盲占全国人口的 80%，农村的文盲率更高达 95% 以上。随着《祁建华速成识字法》的广泛推行，1952 年冬，全国扫盲工作委员会成立，各地开始组织大批夜校、冬学和识字班等扫盲和政治学习机构。

人民群众的热情和创造性在扫盲运动中表现得淋漓尽致，各种速成识字法被发明出来，“车间学校”“炕头学习小组”“农民夜校”等各种形式的学习组织层出不穷，朗朗上口的课文回响在无数乡村明明灭灭的灯火中。

贫穷并没有限制快乐。年纪偏大的学员积极性不如年轻人，所以偶尔有了“夜校夜校，说说笑笑，上边讲话，下边睡觉”的场景；心有所属的年轻人在课堂上魂不守舍，把黑板上的“春泥”读成了“春妮儿”；追求进步的未婚女青年积极参加夜校，“识字班”逐渐成为对年轻姑娘们的代称。

夜校让“亿万人睁开眼睛”。《农村政治夜校课本》中的一首打油诗道出了夜校的社会意义：“村村队队办夜校，人人甩掉文盲帽。能写文章能看报，天下大事都知道。全县人民齐称赞，政治夜校办得好。展望未来心里乐，继续革命志更高！”

经过半个世纪的不懈努力，我国的文盲率由 1949 年的 80% 以上下降至 2000 年的 6.72%。这是 20 世纪中国教育史上最具标志性的成就，新中国成功地替旧社会“还清了欠下的文化债”。

友谊农场创建于 1954 年，是国家“一五”期间由苏联政府援建的机械化农场。图为帮助建场的苏联专家和场长王操犁（左二）等人在视察荒地。（1955　邓永庆）

“世上再没有更亲的友情，我们的行列充满了欢腾”

友谊农场号称中国第一农场，地处黑龙江省双鸭山市东部。

友谊农场，是 1954 年苏联政府援助建立的大型机械化谷物农场。为纪念中苏之间的友谊，故命名为“国营友谊农场”。

友谊农场使用的不只是苏联和我国国产的农业机械，70 年代末，友谊农场五分场二队投资 347 万元从美国引进 62 台（件）整套约翰·迪尔公司的先进农机具。友谊农场因此成为新中国第一个成套引进具有国际先进水平农业机械的农场，五分场二队从此成为中国农业现代化的起点。

《人民日报》在相关报道的编者按中写道：“请大家都来看这个好消息……这个农业机械化试点的成功，是党中央决定利用外国先进技术来加快农业现代化的步伐的一个试验的初步胜利。它对于我国逐步改变几亿人搞饭吃的落后局面，为我国农业高速发展带来了可喜的消息。”仅 1978 年至 1979 年这两年，全国前来二队考察、实习和参观的就达 10 多万人次。

友谊农场五分场二队的成功，对全国农业系统起到了明显的示范作用。80 年代以来，垦区利用世行贷款、补偿贸易、自筹资金等方式，大批引进和购置世界先进农机装备和国内农业机械，先后装备了 200 多个现代农机示范区。2017 年 1 月，友谊农场被列入《全国红色旅游经典景区名录》。

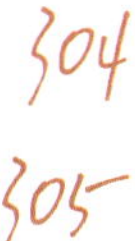

安徽萧县的乡村邮递员正在分拣邮件，准备按村按户分发。（1960 《人民画报》编辑部）

“不见本人信别拆”

早在解放战争时期，各根据地已经建立了人民邮政，随着解放区的不断扩大，人民邮政事业也日益壮大发展。

由于通信条件的限制，信件曾是异地通信的最重要方式。“信在途中飞，不知何时归，你若收到信，赶快把信回。”“信儿信儿快快跑，见到亲人问声好！”“春不到，花不开，不见本人信别拆。”当年老百姓在信封上写的顺口溜，寄托着对亲人早日收到信件的期盼。这份期盼与焦灼，只有邮递员的自行车铃声可以缓解。

到 1956 年，中国邮政初步形成了以北京为中心，连通全国的邮政通讯网。60 年代，邮政系统成功研制出一批机械化、半自动化设备，大大提高了工作效率。

1998 年，中国邮政事业迎来了一项重大体制改革——邮政与电信分离，开始独立运营。

游泳爱好者们来到昆明湖，在绿波中尽情地嬉水。（1963　敖恩洪）

“莫道昆明池水浅”

步入风光旖旎的颐和园，最先映入眼帘的是一大片水域，这便是占全园四分之三面积的昆明湖。自颐和园修建以来，昆明湖水体的形状与功能几经变换。

从皇家苑囿到人民乐园，昆明湖东侧的水域在新中国成立后被辟为天然游泳场。买季票可以游一整个夏天。远足加游泳，在路边咕咚咕咚灌下一大碗茶，这里无疑是60年代北京孩子们的乐园。运气好的话，还能搭乘沿途的马车。

游泳场配备了换洗衣服的便民场所，每天来游泳的人很多，都是来自京城的四面八方。也有一些从外省市来的人，临时起意，穿着花裤衩就下水了！

紧盯戏水者的，不仅有安全员，还有亭边匍匐了200多年的铜牛。

研究人员在人工合成 B 链肽段和 A 链肽段。我国人工合成胰岛素，是在多肽化学基础相对薄弱的情况下，迅速占据世界领先地位的。（1965　何世尧、罗文发）

“宁要大协作，也不要奖金”

1958 年，胰岛素化学结构的解析工作获得诺贝尔化学奖。《自然》杂志发表评论文章说：“合成胰岛素将是遥远的事情。”同年，中国人工合成胰岛素项目被列入 1959 年国家科研计划，并获得国家机密研究计划代号“601”（意为“60 年代第一大任务”）。由中国科学院上海生物化学研究所、中国科学院上海有机化学研究所和北京大学生物系三个单位联合，以钮经义为首，由龚岳亭、邹承鲁、杜雨苍、季爱雪、邢其毅、汪猷、徐杰诚等人共同组成的协作组开始了“不信邪”的联合攻关。

仅用了一年时间，协作组就取得了天然胰岛素拆合成功，并确定了采用先分别合成 A、B 两个肽链再进行组合的研究策略。

1965 年 9 月 17 日，世界上第一个人工合成的蛋白质——牛胰岛素在中国诞生。这是世界上第一次人工合成与天然胰岛素分子化学结构相同并具有完整生物活性的蛋白质，标志着人类在揭示生命本质的征途上实现了里程碑式的飞跃。

人工合成胰岛素不仅开辟了生命科学史的新纪元，更对我国的生物大分子研究起了积极的推动作用。在简陋的实验环境中，科学家们锐意创新、敢为人先的工作态度和团队协作的集体精神，极大地增强了新中国建设者们的自信心和自豪感。

位于北京前门大街上的肯德基快餐店，是美国本土之外最大的一家“分号”，其营业面积 1400 平方米，设有 500 多个座位，每天可烹制 1000 多只炸鸡。食客接踵而来，生意十分火爆。（1989　李建泉）*

“小白啊小白下楼梯”

1987 年 11 月 12 日，肯德基在中国的第一家餐厅在北京前门西大街开业。

肯德基前门店的员工招聘要求堪称严苛，除了五官端正，男女服务员的身高要求分别在 175 厘米、165 厘米以上。前往应聘的 2000 多人中最后只有 79 人成功入职。

肯德基前门店前 3 个月的日均销售额达 4 万多元人民币，在全世界 7700 家肯德基连锁店中位列第一。最高的一天收入高达 16 万元，每位员工在次日就收到了 200 元奖金（当时北京市职工的平均月工资为 139 元）。

由于原材料供应的问题，肯德基前门店一度只提供 8 种饮食（吮指原味鸡、鸡汁土豆泥、菜丝沙拉、小面包、可乐、七喜、美年达、啤酒）。套餐（两块吮指原味鸡、鸡汁土豆泥、菜丝沙拉、小面包）虽价格高达 7.3 元，但店里仍然食客盈门。肯德基前门店俨然成为北京市的“打卡地标”，甚至有年轻人在店内举办婚礼。

继肯德基之后，1990 年，中国第一家麦当劳在深圳开张。两年后，当时全球最大的麦当劳在北京王府井开门迎客（700 个座位、29 个收银台，首日顾客超过了 4 万人）。其他的洋快餐品牌，如必胜客（1990）、赛百味（1995）、星巴克（1999）也纷纷进入中国。

洋快餐给中国餐饮业带来了标准化、制度化、规模化以及全新的餐厅管理理念，直接推动了中式快餐品牌的发展。

Z

1950年10月3日，新中国第一个新型正规大学——中国人民大学在北京举行开学典礼。在3000余名学员中，工农干部占三分之二以上。大学配备了中国教员和苏联教员。（1950　吴宝基）

"你刻在墙上的字依然清晰"

"统招""政审""保送""群众推荐""工农兵学员""恢复高考""年轻的朋友来相会""校园民谣""并轨""3 + X"……在时代潮流中沉浮的中国大学贡献了无数社会公共事件的热词。

中国人民大学是以华北大学为基础合并组建而成的。中国人民大学的成立和哈尔滨工业大学的改革引领了全国高校院系的第一次调整——私立大学被撤裁或并入公立大学，工科院校规模扩大——中国大学教育体制开始了对苏联模式的仿效。

到 1956 年，我国大学基本建成了与计划经济相协调的条块分割式高教模式，对此后的人才培养和国民经济发展起到了推进作用。

经过数年的拨乱反正和思想观念的调整，以 1985 年《中共中央关于教育体制改革的决定》颁发为标志，中国大学开始研究、学习欧美大学的发展经验并融入社会改革的大潮。

随着教育规模的持续扩大，办学、管理和投资体制以及院系、课程等得以重塑，中国大学的课程观、教学观、质量观、人才观发生了前所未有的变化。在摆脱了对国外大学模式的照搬和依附之后，具有中国特色的社会主义大学教育模式逐渐形成。

株洲铁路工厂工人胡国兴（右），正在指导青年女工严辉操作六尺车床旋螺丝帽的技术。胡国兴决心要把需时一年才能掌握的技术在 3 个月内教给这个徒弟。（1952　丁一）

“火车跑得快，全靠车头带”

1936 年 8 月 1 日，一群创业者在株洲田心打下了民族火车工业的第一根桩基。此后多年的兵燹使得在这里兴建的株洲总机厂里的设备七零八落，生产几乎停顿。

新中国成立后，工厂改名为株洲铁路工厂。1950 年 2 月，株洲铁路工厂修复工程被列入国家计划，此前被拆运到广州的机器设备全部运回。1951 年 1 月 25 日，复建工程竣工，完成投资 576 万元，新建厂房 20877 平方米，新增机器设备 72 台。1950 年至 1952 年，工厂完成修理机车车辆 688 台，制造货车 90 辆和一批机床等。

随着客运、货运的需求加大，中国铁路工业迎来了迅速发展的阶段。被戏称为“万国蒸汽机车博览会”的铁轨上出现了中国自主自造的机车，解放型、人民型、建设型、前进型……机车类型从蒸汽机车演变为内燃机车，东风型、北京型、东方红型……很多机车如今已驶入中国铁道博物馆，成为国家一级文物。

和唐山、大连、青岛、北京、常州等地的机车制造厂一道，株洲铁路工厂推进了中国铁路工业的升级，拉动了各行各业的共同发展。

1958 年，株洲铁路工厂生产出我国第一台干线电力机车；20 年后，铁道部田心机车车辆工厂（1960 年更名）成为中国首家专业电力机车制造企业；1997 年，铁道部株洲电力机车工厂（1979 年更名）成为中国首家电力机车整车出口企业……

中国的轨道交通装备制造企业，在产业报国、装备强国的路上疾驰在前列。

山东崂山县的田间，放置着害虫诱杀器黑光灯，这款灯能够帮助植保技术员及时地了解部分虫害的发生情况。
（1964　宋学广、孙毅夫）

“像对付人的癌症一样对付小麦锈病”

病虫害治理能力是农业生产力的重要组成部分，是农业生产实现高产、优质、高效的保障。新中国成立后，植物保护工作取得了前所未有的进步——植保队伍不断壮大，植保技术迭代更新，植保制度日益完善，为粮食生产安全提供了重要支撑。

1950 年，全国发生小麦条锈病，减产 120 亿公斤小麦，占全国小麦总产量的 41.4%，超过当年夏季征粮的总数，约等于 1700 万人一年的口粮。

为保障粮食安全，“虫口夺粮”的植物保护工作者建立了贯通五级、覆盖全国的植保体系，确立了“预防为主、综合防治”的植保工作方针，健全了上下衔接、多管齐下的制度保障。

从 1949 年在农业部内设置病虫害防治司，到五六十年代在各地建立众多病虫防治站、植物保护站、植物检疫站、病虫测报站，成立植物保护局，再到七八十年代增设农作物病虫测报总站，组建全国植物保护总站……在搭建植保体系框架的基础上，全国各地又建立起病虫测报体系、抗药性监测体系等专业技术体系，重大病虫害监测防控能力持续得到加强。

一代代植保人奔走在田间地头，破除蝗灾、力克小麦条锈病、阻截草地贪夜蛾、严控马铃薯甲虫疫情蔓延……实现了对重大农作物病虫害的持续有效控制，为稳定粮食生产作出了巨大的贡献。

在一代代植保工作者的辛勤努力下，中国粮食安全之盾越铸越强，也为解决世界粮食安全问题提供了中国方案！

韩焕兄是金州纺织厂筒子车间的先进生产者，她当选为旅大区一等劳动模范，并获得了自行车、手表、钢笔等奖品。图为获奖后，她在光荣坊前留影。（1952　吴宝基）

“便道走！便道走！”

1915 年，上海有近 20 家自行车商店。第一次世界大战结束后，邮电事业发展起来，自行车成为邮差的交通工具，自行车需求激增，市区又新开一批自行车商店，形成了以老闸区（今黄浦区）为中心的自行车销售网。

1937 年，上海、天津和沈阳先后开设自行车厂，但产量极小。1949 年，中国自行车年产量只有 1.5 万辆左右。一年后，新中国第一个完全国产化的自行车品牌“飞鸽”在天津诞生。1958 年，上海 267 家小型自行车厂合并，组建成上海自行车三厂（凤凰自行车厂的前身），“凤凰牌”成为家喻户晓的自行车品牌。

六七十年代，在家庭硬件“奢侈品”中，自行车居“四大件”之首。凭票购买自行车后，需及时登记上牌。

80 年代，以国内自行车行业五大品牌企业“永久、凤凰、飞鸽、红旗、金狮”为首，中国共有自行车制造厂 60 余家，自行车零部件厂千余家，形成了完整的生产体系。

自行车兼备了生活资料和生产工具的双重属性，深度参与了当代中国人的日常生活——使用者可以拆除后座，让女友别无选择只能侧身坐在车把后。一年后再重装后座，在一侧绑好丈母娘家的墨绿色煤气罐，歪歪扭扭地驶向煤气站……

赤脚医生是乡村里没有纳入国家编制的非正式医生，在湖南株洲的农村里，赤脚医生一般都由知识青年担任。（1974　黄韬鹏）

广阔天地，大有作为

新中国成立后，为了解决城市中的就业问题，从 50 年代中期就开始组织将城市中的年轻人移居到农村，尤其是边远的农村地区建立农场。1953 年，《人民日报》发表社论《组织高校毕业生参加农业生产劳动》。“农村是一个广阔的天地，在那里是可以大有作为的”成为后来知识青年上山下乡的口号。

自1955年报载河南省郏县大李庄乡的一批中学毕业生回乡参加农业合作化运动，到 1960 年，知识青年下乡处于试验阶段，规模很小。那时候的知识青年基本是指原为农村户口毕业后又回到农村生活生产的青年，被称为“早期知青”，或者“返乡知识青年”。“早期知青”也包括城市批量有组织的支边知青。

1964 年，全国各地区成立了安置知青下乡的专门办事机构。在此之前，已经有 1961 届和 1963 届这两届人数比较集中的毕业生奔赴农场、农村，连同后来的 1965 届下乡知青，被称为“前老三届”上山下乡知青。

1966 年后，许多中学毕业生既无法进入大学，又无法被安排工作。1968 年，《人民日报》发表了题为“我们也有两只手，不在城里吃闲饭”的文章。第二年，大量的城市知识青年大规模地离开城市，到农村定居并参加劳动。此后，又有“新五届”（1969—1973）以及“后五届”（1974—1978）知青。

从 50 年代到 70 年代末，有 1200 万到 1800 万知识青年到农村工作，上山下乡。

在甘肃民勤县的沙漠上，拖拉机手毛淑成（右）和徐桂英用国家支援的植树机在沙漠上造林。（1960　孙毅夫）

从“沙逼人退”到“绿进沙退”

作为世界上土地荒漠化严重的国家之一，1949 年以来，中国的防沙治沙工作取得了举世瞩目的成就，创造了世界生态建设史上的奇迹。

新中国成立之初，中央政府设立林垦部，在河北、陕西、辽宁等地分别设立了冀西沙荒造林局、陕北防沙林场、辽宁省固沙造林研究所等机构，开启了漫漫防沙治沙之路。50 年代，我国林业建设的总方针是“普遍护林，重点造林，合理采伐，合理利用”，强调“在风沙水旱灾害严重的地区，应选择重点，发动群众，有计划地进行造林”。大面积的防风固沙林在豫东黄泛区、乌兰布和沙漠等地被营造起来。

1956 年，“绿化祖国”的号召传遍全国。治沙领导小组的成立、治沙（规划）会议的召开、治沙综合试验站和治沙中心站的建成，为沙漠及沙漠化研究与治理奠定了坚实基础。更多、更大面积的防护林带出现在风沙水旱灾害严重的地区，“补浪河女子民兵治沙连”等治沙力量层出不穷。

改革开放之初，为了从根本上遏制风沙危害加剧的态势，西北、华北、东北地区实施“三北”防护林体系建设工程，开启了我国以工程带动防沙治沙的新纪元。80 年代，森林法、草原法等法律法规先后得以颁布，《关于开展全民义务植树运动的决议》极大地推动了群众性防沙治沙工作，我国全民义务植树运动成为世界上参加人数最多、持续时间最长、影响最深远的一项全民运动。

中国沙区广大群众和科技人员因地制宜地创造出很多防沙、治沙模式，比如黑龙江泰来县庄园式沙地开发、辽宁彰武县樟子松固沙造林、内蒙古敖汉旗牧场防护林建设、内蒙古奈曼旗沙地衬膜水稻治沙造田、

包兰铁路需要修建在沙漠中，清鞋里的沙子也成为铁路建设者的“常规动作”。
（1955 《人民画报》编辑部）

宁夏沙坡头设草方格、陕西榆林引水拉沙治沙造田、甘肃民勤县节水灌溉、青海都兰县封沙育林育草、新疆和田窄林带小网格农田防护网建设、福建平潭县沿海造林等。

90 年代，保护生态环境、促进可持续发展逐步成为全球共识，中国也成立了全国治沙工作协调小组（后更名为中国防治荒漠化协调小组）。1994 年，我国首次开展全国沙化土地普查工作，全面系统地查清了全国沙漠、戈壁及沙化土地面积、分布和类型。两年后，中国成为《联合国防治荒漠化公约》缔约国，开始正式参与全球荒漠生态治理。

20 世纪的最后一年，随着第二次荒漠化和沙化监测工作的开展，我国荒漠化监测体系基本建立，技术路线愈加完善。人与自然和谐共生成为中华民族伟大复兴的坚强底色，中国的防沙治沙经验也为全球荒漠生态治理提供了参照。

辽宁鞍山的工人陈忠明（左一）是一位摄影爱好者，他置办了全套的摄影器材，还为厂里拍摄了许多生产中感人的画面，他拍摄的许多照片成为工厂珍贵的历史资料。（1979　杨秀云）

“用第三只眼睛看世界”

新中国的第一款照相机于 1956 年由天津照相机厂设计制造，作为建党 35 周年的献礼，被命名为“七一牌”。“七一牌”照相机的成品共有 40 余台，并未在市面上销售。之后的两年内，天津照相机厂又陆续制造了名为“晨光”“幸福”等品牌的照相机。几年后，“七一牌”照相机随同这些照相机一起处理销售，以当时市场价 20 元的价格流行于民间。

“海鸥”曾是中国最著名的照相机品牌，创立之初名为“上海牌”。从 1968 年开始由于出口的原因，改为“海鸥牌”。上海照相机厂生产了一系列的经典照相机，无论是 50 年代的 58-Ⅰ、60 年代经典的海鸥 4 系列、70 年代的东风和红旗相机，还是 80 年代风靡一时的海鸥 DF，都是国内同时期最优秀的照相机产品。这些照相机，至今仍然受到收藏界的追捧，特别是 58-Ⅰ、东风、红旗，被视为珍品。

从军用产品，到医药科学实验用工业照相机，“海鸥牌”照相机品种丰富，不仅保证了祖国建设的发展和需求，还销售到海外，为国家赚取外汇。民用产品更是为推动群众性的摄影热潮起到了巨大的推动作用。

21 世纪初，“海鸥牌”照相机停产，销售数字定格在 2066 万台。

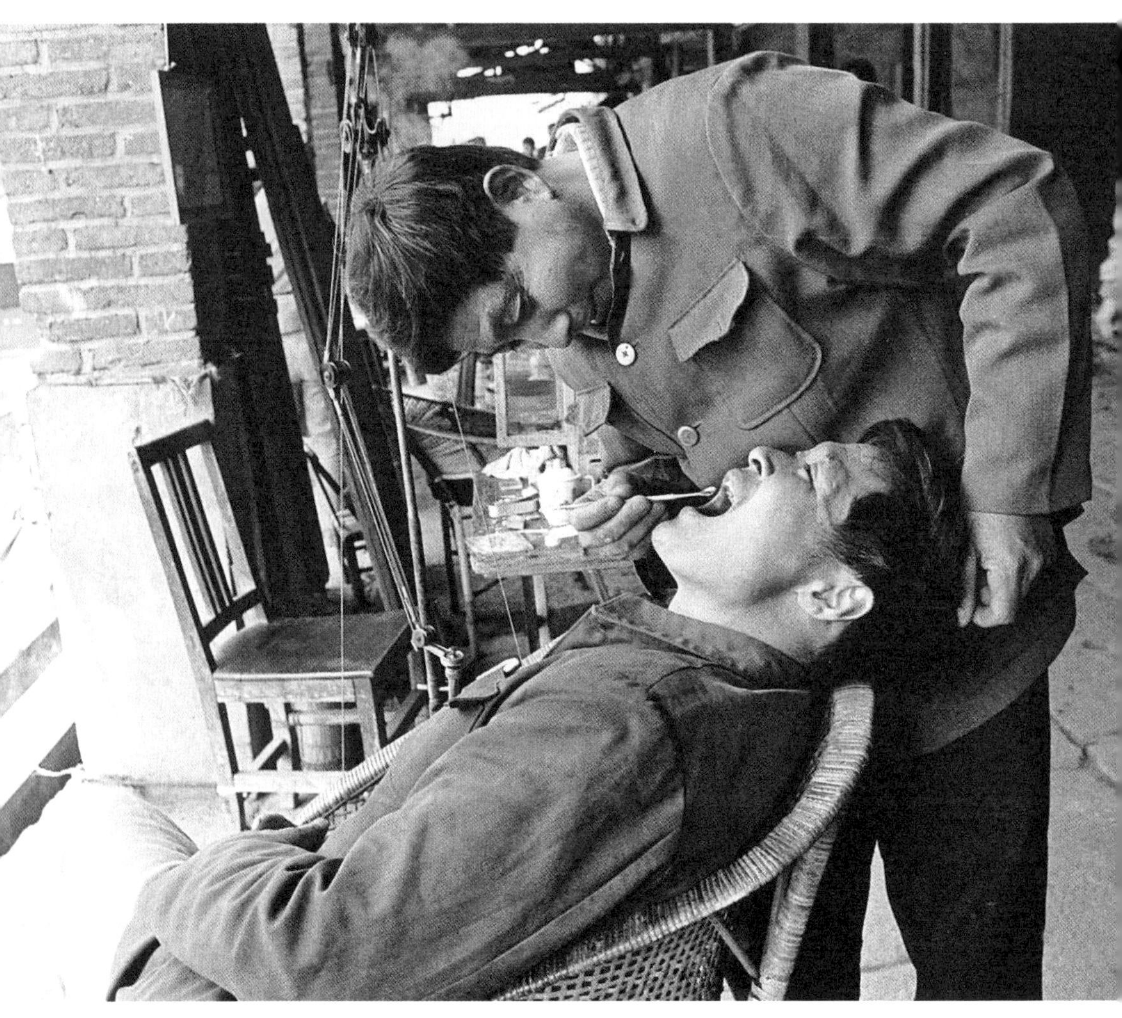

浙江水乡河边就地行医的牙医，不穿白大褂，只穿中山装。（1991　安哥）*

“干部四个兜，平民赶潮流”

中山装轮廓周正、线条分明、功能性强，剪裁和缝制运用了国际现代服装的工艺，符合中国人的传统审美。

50年代以后，中山装成为从国家领导人到普通老百姓最常穿着的正式服装，因此获得了“干部服”“制服”等别名。和同时期的人民装、列宁装、军便服、两用衫、工作服等一样，中山装的颜色大多选用蓝色、灰色、草绿色和褐色。双手将领口的风纪扣搭牢，在口袋里插入一支或两支钢笔——穿“四个荷包”的衣服一度成为新中国建设者的外在表征。

在挺括、板正、庄重的服饰语言背后，中山装隐含着通过身体实践对穿着者进行的隐性规训——无论是门襟与袖口纽扣的数量，还是背后不分缝的做法和口袋及翻领造型，作为事实意义上的现代国服，中山装可容改动之处非常有限，即便是“1956年改型”，也只是裁剪线条上的微调，整体款式并无太多变化。

作为“影响世界的十大服装”之一的中山装，实现了中国传统袍式服装向西方短式服装的转变，也改变了中国人对服装的审美习惯与实用标准。它的流行代表着服装平等化观念的出现，对于建构民族认同、体现群体意识，“适于卫生、便于动作、宜于经济、壮于观瞻”的中山装具有独特的社会文化价值。

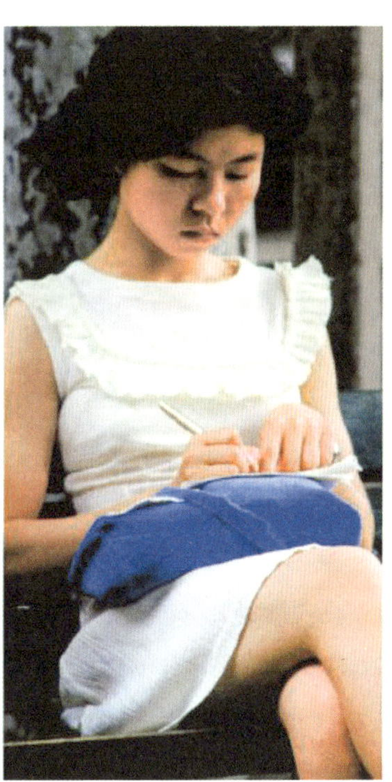

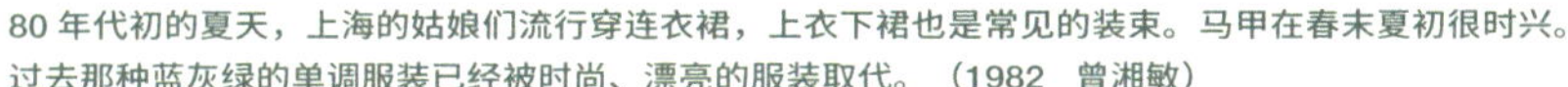

80 年代初的夏天，上海的姑娘们流行穿连衣裙，上衣下裙也是常见的装束。马甲在春末夏初很时兴。过去那种蓝灰绿的单调服装已经被时尚、漂亮的服装取代。（1982　曾湘敏）

“痛苦、寂寞、幸福、欢乐，这就是生活……”

“80 年代初，上海大丰棉纺厂来自乡下的女工阿香，听说上海的姑娘有比赛穿漂亮衣服的习惯，名为‘斩衣’‘斩裙’，便托卖服装的个体户买来漂亮的红绸裙穿在身上。劳模陶星儿很喜欢这件红裙，悄悄往自己身上比试。阿香发现陶星儿穿起红裙十分漂亮，便邀她同去公园中‘斩裙’……”这是中国内地第一部时装主题电影《街上流行红裙子》中的故事，电影讲述了棉纺厂女工阿香、青年劳模陶星儿冲破旧观念的束缚，勇敢追求生活之美的故事。

如果说《庐山恋》让人们嗅到了爱情的美好气息，《街上流行红裙子》则让内敛朴素的观众们看到了多元美感的无限可能。有人认为这部电影是“从内容到形式都做了有益探索的创新之作”。

80 年代的服装审美崇尚色彩饱和度极高的大红大紫，在思想观念和行为方式刚刚“开放”的 80 年代，鲜明的“红裙子”是对过去以灰蓝色为主的服饰的“反拨”。

电影塑造了一批追逐时尚的年轻人的群像，原本螺丝钉一样的“青年劳动者”成为展示自我的主体。这与不久后出现的“文学热”“美学热”一起构成了 80 年代的文化生态。

北京相识服务中心下设“相识服务系统”，征婚者可通过计算机查阅对方的资料，选择中意者约会。该系统具有择偶面宽、保密性好、成功率高等特点，已在全国建立了7个网点。人们形象地称此系统为“电脑红娘”。（1993　张海鸥）

“水是有源的，树是有根的……没家的滋味是火热水深的”

1981 年 1 月，《人民日报》旗下的《市场报》上刊登了一则启事，“求婚人丁乃钧，男，未婚，四十岁，身高一米七。曾被错划为‘右派’，已纠正。现在四川江津地区教师进修学院任数学教师，月薪四十三元五角。请应求者来函联系和附一张近影。”

这则启事引发了争议，有评论者认为他是“流氓”“恶棍”“给社会抹黑、污染社会风气”。

冲破思想禁锢、走向观念解放的不止丁乃钧一人。在新华社就此对外发布了英文通稿之后，此次公开征婚成为世界各大通讯社争相报道的题材。此后，“诚征伴侣”和“专业修水管”占据了各类报纸的中缝广告区。

80 年代末，山西电视台播出相亲节目《电视红娘》，越来越多的人开始反思父母之命、媒妁之言等传统婚姻观，不再把“公开搞对象”视作禁区。

进入 90 年代，各地电视台纷纷推出相亲类节目，北京电视台的《今晚我们相识》和湖南电视台的《玫瑰之约》都曾创造了极高的收视率。“电脑红娘”的出现，使征婚又有了向私密性发展的趋势。

从阶级成分的门当户对，到“共同进步”的同志情侣，再到当众牵手成功……中国人的择偶观、缔结方式和婚礼仪式从革命时期的爱情一路演化至今。

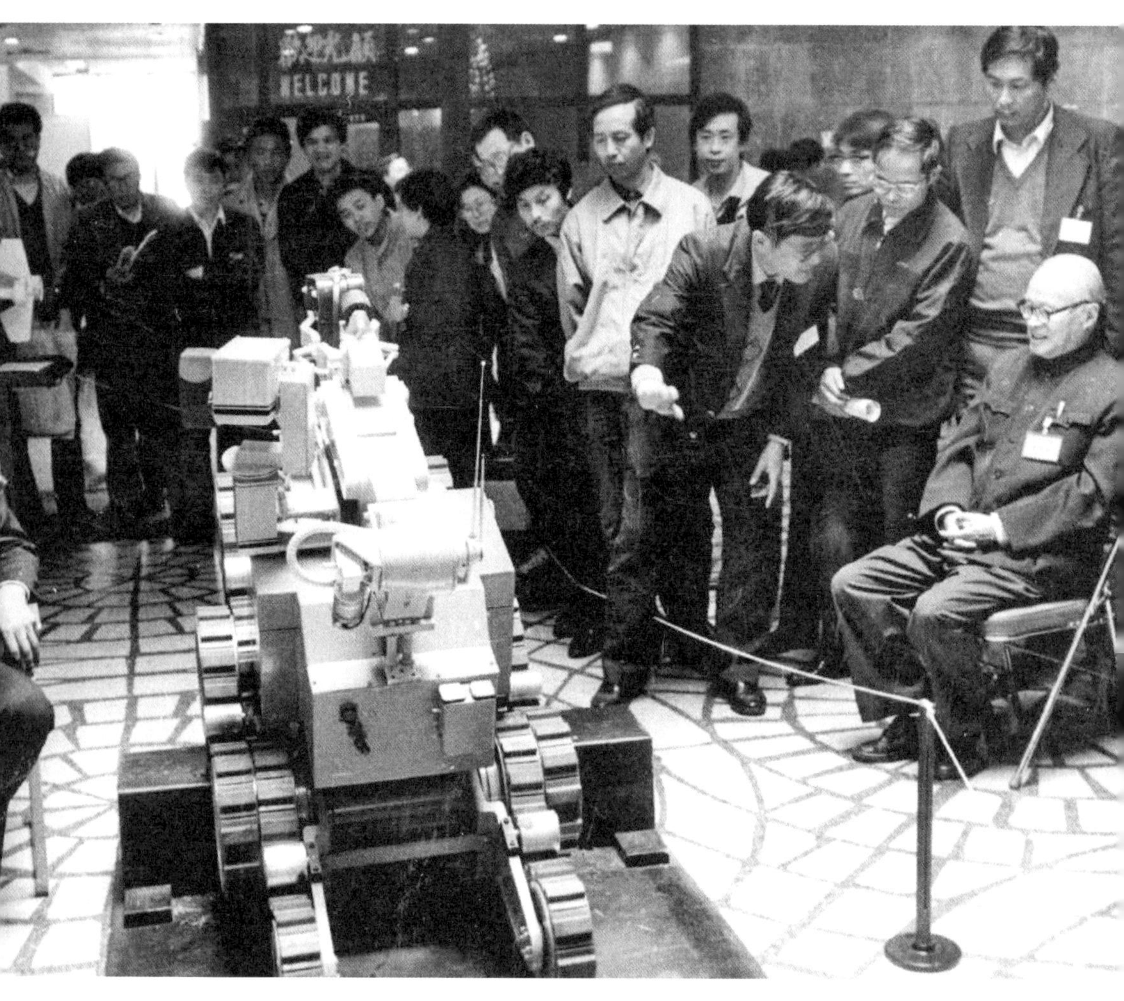

由王淦昌院士等科学家倡议的“863”计划，很快在全国掀起科研的高潮。图为王淦昌院士正在参观“863”计划五周年成果展。（1998　邹毅）

“发展高科技，实现产业化”

“国家高技术研究发展计划”（以下简称“863”计划）是作为中国高技术研究发展的一项战略性计划，在参考了世界高技术发展趋势并结合国情之后，“863”计划选择了生物、信息、自动化等7个技术领域作为主攻方向，确立了15个主题项目作为重点突破。

1996年，北京举办了“863”计划十周年成果汇报展览——每个新生儿都可以完成对乙肝的主动免疫，人均口粮增长了50斤，卫星监测覆盖全国领土80%以上，气象侦测精准度大幅提高……短短10年间，“863”计划共取得了1200多项科研成果，其中近一半达到国际水平，为国家创造效益数千亿元。

到20世纪末，“863”计划已经培养了数十位科学院或工程院院士，中国的高技术进入了全球发展的快车道。

2016年，随着国家重点研发计划的出台，“863”计划结束了它的历史使命。

从“两弹一星”到“863”计划再到国家重点研发计划，中国的科研组织形式一直在进化、迭代。虽然科研组织形式随着时间在变，但不变的是中国科学家的家国情怀和使命担当。

后记 热记忆、拟像与仿真

每个蒸蒸日上的国家，都拖曳一段并不轻松的历史？

城乡只是定居的场所，还是个体可以自在流动的公共空间？

第一代新中国群众所拥有的集体观念和奉献精神，如何演变为现代中国的公民意识？

20 世纪下半叶的中国，贡献了跨越时代的思想者，产生了民族文化的传灯人，孕育了当代文明的承担者。毫无疑问，历史很少像 1949—1999 年的中国这样密集、紧凑，这半个世纪的中国是东方式变革直接、集中的地域，也是社会进步力量充分发展的国度。

这本书记录的是近距离的、现在完成时的中国社会生活史。它是新中国建设史的脚注，在这些吉光片羽中，蕴含着所有中国人曾经的生活现场与私记忆。

《人民画报》的资料图片浩如烟海，从 1949 年 10 月到 1999 年 12 月刊中，我们挑选了近千张图片，从中拟定了近 200 个辞条，涵盖了 20 世纪下半叶新中国的自然风貌、文物保护、旧城改造、工业地理、农村政策、商业布局、民俗演变和居住形态等内容。

这些图片让人动容，北海公园白塔下的孩子、红旗渠工地上磨钎的少年、田野间调查的地质学院学子、赶着马车运送花布的社员、冬学课堂上的大婶、试着在电灯上点燃烟袋的爷爷……那些鲜明的面孔和笼罩他们的清冽阳光，一起构成了 20 世纪新中国绵延 50 年的人文景观。

制作之初，我们期待这本书能超越补白和钩沉，能摆脱乡愁阐释和盛世抒情；希望它追溯民族精神的历史源头，定格社会活力的时代面相。它记录变迁，但不对历史撒娇；它展示成就，但不堕入“今是昨非”和“厚古薄今”的历史吊诡。

书中涉及的关于人口增长、工业进步、畜牧产值的统计或者胪列看似毫无生气，却包含了无数人群迁徙和观念变更的故事。《美好与生活》希望以图片（新闻老照片）加叙事（辞条）的形式，在实现互文性之外，也能以可视的中国形象、可读的中国故事，让出生在 21 世纪的人们了解他们父辈、祖辈的衣、食、住、行、游、购、娱——Legging（紧身裤）和单宁补丁曾在 20 世纪风靡城乡；工人新村是大众别墅的雏形；在新能源变道超车之前，中国的汽车工业是从拆解战利品开始的；人造革的手提包是北京最早的旅游文创；电视曾经需要凭票购买；最古老的手机并不是老人机……

在纷繁的社会生活中截取若干切片，《美好与生活》尽力把大写的历史改成小写。读这本书好比倒一次时差，带你闪回上个世纪，在那些火热的生活现场里，做一次选择性游历。

感谢中国工人出版社以极大的勇气和耐心做出这本难做的书；感谢我好看的朋友董虹，在我最低沉的时候唤醒我；感谢刘明先生，借给我朝南的办公室；感谢做序的浪总，他是我的第一读者，他的学识让我在写作中不敢抖机灵、发嗲、撒泼、犯浑、放刁、耍赖；感谢我的老父亲，作为书中大多数事件的亲历者，他的讲述和提醒，让我理解了时间、苦难及其恩惠；还要感谢我的小孩，他教会我从自己做起、不必苛求父辈的呵护。

《美好与生活》的辞条选择难免挂一漏万，尽管在写作中尝试杂糅历史地理、民族志和大都市文化研究，由于笔力有限，完成度不及自我期待的十分之一。每个辞条的标题，我们尽量选择了相关的谣谚、歌词、顺口溜、广告、流行语等，这些关键句不仅帮助笔者完成了“以引语写一本书”的夙愿，也是献给读者的密钥。

很少有作者在后记中向读者求饶，但我愿意真诚地恳请诸君原谅。也愿意邀请所有触碰到这本书的你一起，怀着一份不能忘怀的、“同情”的敦厚，本着与岁月和解的胸怀，给上辈人一些礼敬，给同代人一些祝福，给孩子们一些余地。

郭大熟

作家。

先后任《新京报》文化地理版面统筹，京沪高铁杂志《1318》、全国动车杂志《报林》、海南航空头等舱杂志《东方养生》、东方航空机舱杂志《宇翔》、《艺术金融》杂志主编，高铁杂志《旅伴》出品人、总编。

主编《大城记：1949—2009 北京城市地标》丛书，著有《俗讲：比较故事集》《千秋遗韵》《变文：奇幻动物故事簿》《乡间疾病》《土味情话》《暴力枚举》《块宇宙》《平装美人》《无边的玫瑰》等作品。擅长符号研究、史志编撰。

《人民画报》

中国国家画报，创刊于 1950 年。创刊 70 余年来，不断用真实生动的图片和文字，向全世界展现中国的发展和变化，成为新中国政治、经济、文化、生活诸方面的生动见证。

责任编辑：邢璐 董芳璐

内文制作：蒋萌

装帧设计：A³ DESIGN Lab (a_kun)

遇见万川